はじめに

本書は、日本語を母語とする学習者が１年間学習し、韓国人と基本的な会話ができる初級レベルの韓国語能力を身に着けることを目標に、現役大学講師たちが現場での経験を活かして作成したものです。

全体の構成は、大学の授業回数に合わせて前期の 15 週で１課～ 10 課を、後期の 15 週で 11 課～ 20 課を学習することを目安に作りました。１課から５課までの文字と発音編の後に、６課から本編がはじまります。

本編は、文法パートと会話パートに分けて構成しました。文法パートを先に配置することで、大学に入ってから初めて韓国語を学ぶ学習者がしっかり文法を覚えた上で会話パートに進み、習った文法を会話で活用できるようにしました。そのため、週２回の授業時間を確保し、１回目に文法パートを、２回目に会話パートを学習する形が理想です。

本書の学習目標である「韓国人と基本的な会話ができる初級レベルの韓国語能力を身に着けること」を実現するために、14 課から用言の変則活用が、18 課からは連体形が登場します。つまり、初級レベルのテキストとしては文法事項を幅広く網羅していますが、私達はこのことがあらゆる韓国語関連検定試験の初級レベルの合格につながると期待しています。使用単語においても、いわゆる初級レベルの単語に加えて今の韓国社会で使用する若者言葉や韓国式外来語も多数採用しています。本書を通して学習者が韓国語の語学知識をしっかり身に付けるのはもちろんの事、韓国にも興味を持ち、楽しく学ぶことができれば幸いです。

最後に、本書の執筆から刊行にいたるまで時間をかけてご尽力くださった朝日出版社の編集部をはじめとする関係者の皆さまにこの場を借りて心より感謝申し上げます。

2020 年秋　著者一同

目次

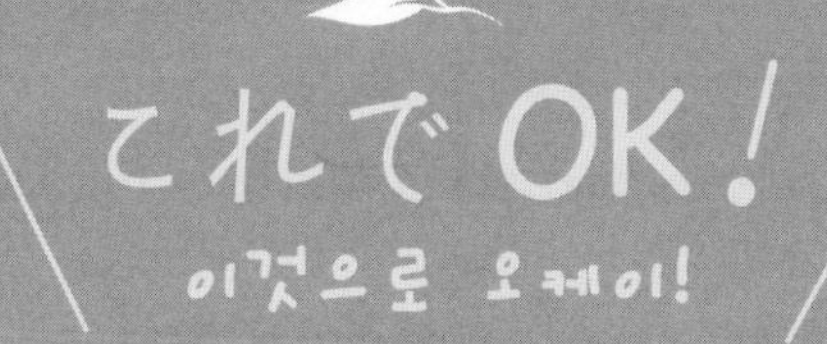

韓国語初級

한국어 초급

金銀英／金英姫／崔秀蓮／尹芝恵

朝日出版社

音声サイトURL

https://text.asahipress.com/free/korean/koredeoksyokyu/index.html

装丁・イラスト　申　智英

目次

コラム

登場人物

ヤマモト ミウ
야마모토 미우

韓国の大学で学んでいる日本人留学生。
行動派で旅行好きなため、留学中に韓国中を旅することが目標。
また明るい性格で社交性もあるので友達が多い。

キム テミン
김 태민

韓国人の大学生。
好奇心旺盛で新しい友達を作るのが好き。
早とちりをして失敗することもあるが、
素直な性格のためすぐに謝る。

ナカガワ ハルト
나카가와 하루토

語学研修に来た日本の大学生。
友達好きで、楽しいことが好き。
実はミウの兄の親友。

ユン 先生
윤 교수님

ミウの大学の先生。
面倒見がよく優しいが、
規則には厳しい一面も。
ミウやテミンの良き相談相手。

韓国語について

1．韓国語と朝鮮語、そしてハングルとは

韓国語は大韓民国（韓国）の言葉です。韓国以外に朝鮮民主主義人民共和国（北朝鮮）と中国の朝鮮族自治区でも使われていますが、この時は朝鮮語と言います。日本では、韓国語とも朝鮮語とも呼ばれていますが、同じ言語でありながら使う国や地域で呼び方が違うだけです。

また、「ハングル」という言葉をよく耳にしますが、「ハングル」は、韓国語（朝鮮語）を表記するための文字の名前です。1443年に朝鮮王朝の第4代王の世宗が学者たちとともに、誰でもすぐに覚えられる記号で韓国語を表記できるように作り上げたものです。それまでは漢字を借りて文書を書いていて、学者や身分の高い人でなければ書くことができませんでした。

2．語順・語彙

韓国語は、日本語と語順が同じで文法的にも似ています。

저(는) 대학(에서) 한국어(를) 공부하는 학생(입니다.)
私（は） 大学（で） 韓国語（を） 勉強する 学生（です。）

上記の例文のように韓国語は、日本語と語順がほとんど同じで、「は」「で」「を」などの助詞が入るのも同じです。

なお、韓国では、日常生活においてハングルのみの表記をすることが多く、漢字を用いることはほとんどありません。韓国は日本と同じ漢字文化圏であり、実際に言葉の8割くらいは漢字に由来したものです。「無理」は「무리 [muri]」、「温度」は「온도 [ondo]」のように漢字を音読する単語は発音が同じもの、似ているものも多くあります。

このように韓国語は日本語を話す人にとっては非常に学びやすい言語です。

3．ハングル文字の仕組み

ハングルには母音記号と子音記号があります。

1）「子音＋母音」

①左右型：[n] の音の子音「ㄴ」と、[a] の音の母音「ㅏ」を左右に組み合わせて、「나 [na]」になります。

②上下型：[m] の音の子音「ㅁ」と、[u] の音の母音「ㅜ」を上下に組み合わせて、「무 [mu]」になります。

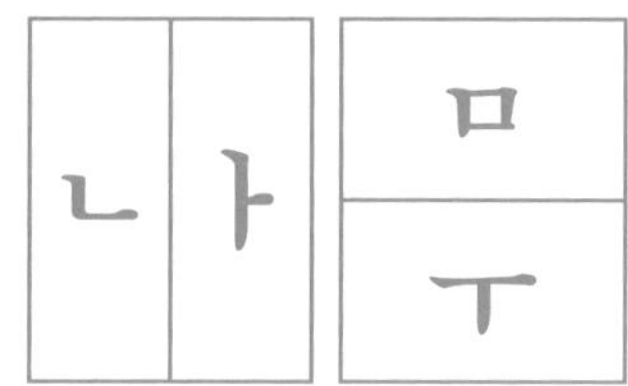

2）「子音＋母音＋子音」

①左右型の下に「子音」が付いたもの

「ㅂ」[p]+「ㅏ」[a]+「ㅂ」[p]=「밥 [pap]」（ごはん）

②上下型の下に「子音」が付いたもの

「ㄱ」[k] +「ㅜ」[u] +「ㄱ」[k]=「국 [kuk]」（スープ）

★ このように、下に付く子音を「パッチム」といいます。

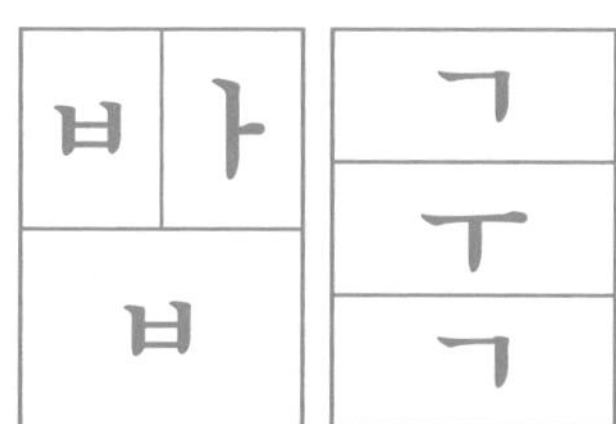

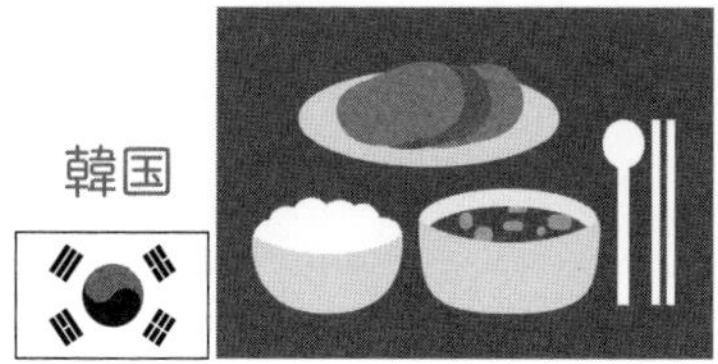

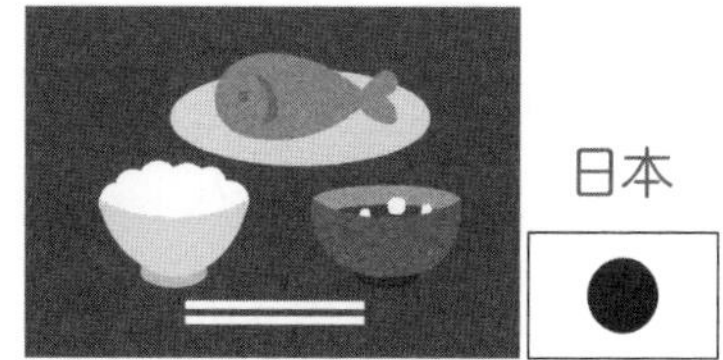

第1課　母音Ⅰ

2 この課では単母音といくつかの重母音を紹介します。

単母音

	発音記号	説明	書き順
ㅏ	[a]	日本語の「ア」に近い音です。	ㅏ ㅏ
ㅓ	[ɔ]	「オ」より口を大きく開け唇はやや縦にします。	ㅓ ㅓ
ㅗ	[o]	日本語の「オ」です。	ㅗ ㅗ
ㅜ	[u]	唇を丸くする「ウ」です。	ㅜ ㅜ
ㅡ	[ɯ]	唇を丸くしない「ウ」です。 「ㅜ」と区別するために唇を左右に引くイメージで発音しましょう。	ㅡ
ㅣ	[i]	日本語の「イ」です。	ㅣ
ㅐ	[ɛ]	日本語の「エ」より口をやや大きく開けます。*	ㅐ ㅐ ㅐ
ㅔ	[e]	日本語の「エ」です。	ㅔ ㅔ ㅔ

3 **重母音 その1**

ㅑ	[ja]	日本語の「ヤ」に近い音です。	ㅑ ㅑ ㅑ
ㅕ	[jɔ]	「ヨ」より口を大きく開け唇はやや縦にします。	ㅕ ㅕ ㅕ
ㅛ	[jo]	日本語の「ヨ」です。	ㅛ ㅛ ㅛ
ㅠ	[ju]	日本語の「ユ」です。	ㅠ ㅠ ㅠ

＊日常ではㅔとㅐの音の区別をしませんが、実際は게（カニ）と개（犬）のように綴りによって意味が異なるのでしっかり覚えるようにしましょう。

母音音節は子音がないため子音の位置に「ㅇ」を書きます。

아 / 어 / 오 / 우 / 으 / 이 / 애 / 에 / 야 / 여 / 요 / 유

練習 1 書きながら、発音してみましょう。

아	어	오	우	으	이	애	에	야	여	요	유

練習 2 以下の単語を読んでみましょう。 4

(1) 아이/애 子ども　(2) 오 五　(3) 오이 キュウリ

(4) 우아 優雅　(5) 우유 牛乳　(6) 우애 友愛

(7) 이 二/歯　(8) 이유 理由　(9) 에이 A

(10) 여우 キツネ　(11) 여유 余裕　(12) 유아 幼児

1. 基本母音とは

この本では母音を「単母音」と「重母音」に分けています。これは発音の仕方による区別です。韓国語にはもう一つの母音の分け方があり、「基本母音」と「複合母音」に分けられます。「基本母音」は次の10個です。

ㅏ ㅑ ㅓ ㅕ ㅗ ㅛ ㅜ ㅠ ㅡ ㅣ

この基本母音を2つ以上組み合わせたのが「複合母音」です。複合母音は11個あります。

ㅐ ㅒ ㅔ ㅖ ㅘ ㅙ ㅚ ㅝ ㅞ ㅟ ㅢ

第2課 子音

韓国語の子音は全部で 19 個あります。発音の仕方によって平音（10 個）、激音（4 個）、濃音（5 個）の 3 種類があります。

平音（10個）	激音（4個）	濃音（5個）	平音（10個）	激音（4個）	濃音（5個）
ㄱ [k]	ㅋ [k^h]	ㄲ [ˀk]	ㅂ [p]	ㅍ [p^h]	ㅃ [ˀp]
ㄴ [n]			ㅅ [s]		ㅆ [ˀs/ ˀʃ]
ㄷ [t]	ㅌ [t^h]	ㄸ [ˀt]	ㅇ 無音		
ㄹ [r]			ㅈ [tʃ]	ㅊ [$tʃ^h$]	ㅉ [ˀtʃ]
ㅁ [m]			ㅎ [h]		

5 **1. 平音**

	発音記号	説明	「左右型」書き方例	「上下型」書き方例
ㄱ	[k/g]	カ行とほぼ同じ。	가 (カ) 가가가	구 (ク) 구구구
ㄴ	[n]	ナ行とほぼ同じ。	나 (ナ) 나나나	누 (ヌ) 누누누
ㄷ	[t/d]	タ行とほぼ同じ。	다 (タ) 다다다다	두(トゥ) 두두두두
ㄹ	[r, l]	ラ行とほぼ同じ。	라 (ラ) 라라라라라	루 (ル) 루루루루루
ㅁ	[m]	マ行とほぼ同じ。	마 (マ) 마마마마마	무 (ム) 무무무무무
ㅂ	[p/b]	パ行とほぼ同じ。	바 (パ) 바바바바바바	부 (プ) 부부부부부부
ㅅ	[s]	サ行とほぼ同じ。	사 (サ) 사사사사	수 (ス) 수수수수
ㅇ		無音	아 (ア) 아아아	우 (ウ) 우우우
ㅈ	[tʃ/dʒ]	チャ行とほぼ同じ。	자(チャ) 자자자자	주(チュ) 주주주주
ㅎ	[h]	ハ行とほぼ同じ。	하 (ハ) 하하하하하	후 (フ) 후후후후후

★ 子音の有声音化は第5課発音の変化 (p.18) を参照。

練習 1　韓国語の平音の子音にそれぞれ「ㅏ」の母音を組み合わせて、発音してみましょう。

가 나 다 라 마 바 사 아 자 하

練習 2　書きながら、発音してみましょう。

	ㅏ	ㅑ	ㅓ	ㅕ	ㅗ	ㅛ	ㅜ	ㅠ	ㅡ	ㅣ
ㄱ [k/g]										
ㄴ [n]										
ㄷ [t/d]										
ㄹ [r, l]										
ㅁ [m]										
ㅂ [p/b]										
ㅅ [s]										
ㅇ										
ㅈ [tʃ/dʒ]										
ㅎ [h]										

6 2. 激音

4つの激音は全て、息を激しく吐きながら発音します。

	発音記号	説明	書き順	母音との組み合わせ例	
ㅋ	[kʰ]	ㄱより息を強く吐き出します。	ㅋ ㅋ	카	코
ㅌ	[tʰ]	ㄷより息を強く吐き出します。	ㅌ ㅌ ㅌ	타	토
ㅍ	[pʰ]	ㅂより息を強く吐き出します。	ㅍ ㅍ ㅍ ㅍ	파	포
ㅊ	[tʃʰ]	ㅈより息を強く吐き出します。	ㅊ ㅊ ㅊ	차	초

★ 口の前に薄い紙を持っていって、なびくことを確認しながら練習しましょう。

7 **練習 1** 以下の単語を読んでみましょう。

(1) 카카오 カカオ　(2) 코 鼻　(3) 케이크 ケーキ

(4) 토마토 トマト　(5) 노트 ノート　(6) 테니스 テニス

(7) 파 ねぎ　(8) 포도 ぶどう　(9) 피아노 ピアノ

(10) 기차 汽車　(11) 고추 とうがらし　(12) 치마 スカート

8 **練習 2** 以下の単語を読んでみましょう。

(1) 커피 コーヒー　(2) 파티 パーティー　(3) 아파트 アパート

(4) 스포츠 スポーツ　(5) 도토리 どんぐり　(6) 유자차 柚子茶

3. 濃音 9

濃音は、喉を締め付けてできるだけ息を漏らさないように発音します。

	発音記号	説明	書き順	母音との組み合わせ例	
ㄲ	[ˀk]	「作家」の「っか」のような詰まった音	ㄱ ㄲ	까	꼬
ㄸ	[ˀt]	「取った」の「った」のような詰まった音	ㄸ ㄸ ㄸ ㄸ	따	또
ㅃ	[ˀp]	「立派」の「っぱ」のような詰まった音	ㅃ ㅃ ㅃ ㅃ ㅃ ㅃ ㅃ ㅃ	빠	뽀
ㅆ	[ˀs]	「喫茶」の「っさ」のような詰まった音	ㅆ ㅆ ㅆ ㅆ	싸	쏘
ㅉ	[ˀtʃ]	「へっちゃら」の「っちゃ」のような詰まった音	ㅉ ㅉ ㅉ ㅉ	짜	쪼

★ 口の前に薄い紙を持っていって、なびかないことを確認しながら練習しましょう。

練習 1 濃音に気をつけて、以下の単語を読んでみましょう。 10

(1) 까지 まで

(2) 도깨비 鬼

(3) 또 また

(4) 머리띠 ヘアバンド

(5) 뼈 骨

(6) 아빠 パパ

(7) 쓰레기 ゴミ

(8) 아저씨 おじさん

(9) 가짜 偽物

(10) 찌개 鍋料理

練習 2 平音、激音、濃音に気をつけて、発音してみましょう。 11

(1) 가치 価値 / 까치 カササギ

(2) 도끼 斧 / 토끼 ウサギ

(3) 타다 乗る / 따다 採る

(4) 사다 買う / 싸다 安い

(5) 비 雨 / 피 血 / 삐 ピーの音

(6) 자다 寝る / 차다 冷たい / 짜다 塩辛い

2. 仮名のハングル表記

<table>
<tr><th rowspan="2">仮名</th><th colspan="2">ハングル</th></tr>
<tr><th>語頭</th><th>語中・語尾</th></tr>
<tr><td>あ い う え お</td><td colspan="2">아 이 우 에 오</td></tr>
<tr><td>か き く け こ</td><td>가 기 구 게 고</td><td>카 키 쿠 케 코</td></tr>
<tr><td>さ し す せ そ</td><td colspan="2">사 시 스 세 소</td></tr>
<tr><td>た ち つ て と</td><td>다 지 쓰 데 도</td><td>타 치 쓰 테 토</td></tr>
<tr><td>な に ぬ ね の</td><td colspan="2">나 니 누 네 노</td></tr>
<tr><td>は ひ ふ へ ほ</td><td colspan="2">하 히 후 헤 호</td></tr>
<tr><td>ま み む め も</td><td colspan="2">마 미 무 메 모</td></tr>
<tr><td>や ゆ よ</td><td colspan="2">야 유 요</td></tr>
<tr><td>ら り る れ ろ</td><td colspan="2">라 리 루 레 로</td></tr>
<tr><td>わ を</td><td colspan="2">와 오</td></tr>
<tr><td>が ぎ ぐ げ ご</td><td colspan="2">가 기 구 게 고</td></tr>
<tr><td>ざ じ ず ぜ ぞ</td><td colspan="2">자 지 즈 제 조</td></tr>
<tr><td>だ ぢ づ で ど</td><td colspan="2">다 지 즈 데 도</td></tr>
<tr><td>ば び ぶ べ ぼ</td><td colspan="2">바 비 부 베 보</td></tr>
<tr><td>ぱ ぴ ぷ ぺ ぽ</td><td colspan="2">파 피 푸 페 포</td></tr>
<tr><td>きゃ きゅ きょ</td><td>갸 규 교</td><td>캬 큐 쿄</td></tr>
<tr><td>しゃ しゅ しょ</td><td colspan="2">샤 슈 쇼</td></tr>
<tr><td>ちゃ ちゅ ちょ</td><td>자 주 조</td><td>차 추 초</td></tr>
<tr><td>にゃ にゅ にょ</td><td colspan="2">냐 뉴 뇨</td></tr>
<tr><td>ひゃ ひゅ ひょ</td><td colspan="2">햐 휴 효</td></tr>
<tr><td>みゃ みゅ みょ</td><td colspan="2">먀 뮤 묘</td></tr>
<tr><td>りゃ りゅ りょ</td><td colspan="2">랴 류 료</td></tr>
<tr><td>ぎゃ ぎゅ ぎょ</td><td colspan="2">갸 규 교</td></tr>
<tr><td>じゃ じゅ じょ</td><td colspan="2">자 주 조</td></tr>
<tr><td>びゃ びゅ びょ</td><td colspan="2">뱌 뷰 뵤</td></tr>
<tr><td>ぴゃ ぴゅ ぴょ</td><td colspan="2">퍄 퓨 표</td></tr>
</table>

◎ 撥音「ん」：パッチムのㄴ　ほんだ 혼다　ぐんま 군마

◎ 促音「っ」：パッチムのㅅ　はっとり 핫토리　さっぽろ 삿포로

◎ 長音：伸ばす音の母音は表記しません。　おおさか 오사카　ゆうき 유키

練習 1 自分の名前をハングル表記で書いてみましょう。

練習 2 自分の出身地をハングル表記で書いてみましょう。

3. 子音の覚え方

가	[カ/ガ]	フトかんがえた（フトの形が「**가** カ/ガ」に似ています）
나	[ナ]	レートはなに（レトの形が「**나** ナ」に似ています）
다	[タ/ダ]	ヒトに似たんだ（ヒトの形が「**다** タ/ダ」に似ています）
라	[ラ]	己（おのれ）はラララ（漢字の己の形が「**라** ラ」の子音部に似ています）
마	[マ]	口々にママ（漢字の口の形が「**마** マ」の子音部に似ています）
바	[パ/バ]	①甘くないアイスバー（漢字の「甘」から上部の「ーバー」を取った形が「**바** バ」の子音部に似ています） ②バケツいっぱい(バケツの形に似ています)
사	[サ]	人にはさんづけ（漢字の人の形が「**사** サ」の子音部に似ています）
아	[ア]	母音音節の「**ㅇ**」は音の無い子音です。
자	[チャ/ヂャ]	ジャスト茶（チャ）（ストの形が「**자** チャ/ヂャ」に似ています）
하	[ハ]	兄（아）貴のハット （「**아** ア」の上に鍋蓋のようなハット<帽子>を被せた形が「**하** ハ」に似ています）

第3課　母音Ⅱ

12 重母音 その2

第1課に続きこの課では残りの重母音を紹介します。

	発音記号	説明	書き順
ㅒ	[jɛ]	日本語の「イェ」より口をやや大きく開けます。*	ㅒ
ㅖ	[je]	日本語の「イェ」です。	ㅖ
ㅘ	[wa]	日本語の「ワ」です。	ㅘ
ㅙ	[wɛ]	日本語の「ウェ」より口をやや大きく開けます。*	ㅙ
ㅚ	[we]	日本語の「ウェ」です。*（本来は単母音）	ㅚ
ㅞ	[we]	日本語の「ウェ」です。	ㅞ
ㅝ	[wɔ]	日本語の「ウォ」です。	ㅝ
ㅟ	[wi]	日本語の「ウィ」です。（本来は単母音）	ㅟ
ㅢ	[ɯi]	発音を始める前は「ㅡ」の口ですぐに「ㅣ」を出します。 唇は左右に引いたまま動きません。	ㅢ

＊最近はㅔとㅐ、ㅞとㅙ，ㅚをあまり区別しません。音の区別はありませんが、綴りで意味が変わるのでしっかり覚えるようにしましょう。

「ㅢ」の発音

・母音音節の「의」の場合、語頭では[의]で、語中では[이]で発音します。

例）의사 [의사] 医者　　예의[예이] 礼儀　　우의 [우이] 雨ガッパ

・子音と一緒になると語頭・語中関係なく [ㅣ] で発音します。

例）흰색 [힌색] 白　　무늬[무니] 模様　　희망 [히망] 希望

・助詞「의」は [에] と発音します。

例）민주주의의 의미 [민주주이에 의미] 民主主義の意味

「ㅖ」の発音

「예」と「례」以外の [ㅖ] は [ㅔ] で発音してもよいです。

例）시계 [시계 / 시게] 時計　　지혜 [지혜 / 지헤] 知恵

練習 1 母音を書き、発音してみましょう。

애	예	와	왜	외	웨	워	위	의

練習 2 以下の単語を読んでみましょう。 13

(1) 애 この子 (縮約形)　(2) 예 はい　(3) 와이셔츠 ワイシャツ

(4) 왜 なぜ　(5) 야외 野外　(6) 스웨터 セーター

(7) 워터 ウォーター　(8) 위 上　(9) 의자 椅子

(10) 회의 会議　(11) 의외 意外　(12) 외워요 覚えます

練習 3 以下の語句を読んでみましょう。 14

(1) 어디예요? どこですか。　(2) 어때요? どうですか。

(3) 매워요. 辛いです。　(4) 뭐예요? 何ですか。

(5) 계세요? いらっしゃいますか。　(6) 누구세요? だれですか。

(7) 여보세요? もしもし。　(8) 이거 주세요. これください。

第4課 パッチム

パッチムは表記上 27 個ありますが、実際の発音上では 7 通りしかありません。

代表音	発音記号	一つパッチム	二つパッチム
ㄱ	[k]	ㄱ ㅋ ㄲ	ㄳ ㄺ
ㄴ	[n]	ㄴ	ㄵ ㄶ
ㄷ	[t]	ㄷ ㅅ ㅆ ㅈ ㅊ ㅌ ㅎ	
ㄹ	[l]	ㄹ	ㄽ ㄾ ㅀ ㄼ
ㅁ	[m]	ㅁ	ㄻ
ㅂ	[p]	ㅂ ㅍ	ㅄ ㄿ
ㅇ	[ŋ]	ㅇ	

15

1. 一つパッチム

発音記号	説明	例
[k]	口を開けた状態で、舌の根が喉の奥を塞ぎます。 日本語の「びっくり」「そっくり」の「っ」の音。	책 本　밖 外　부엌 台所
[n]	舌先を上の歯の裏に付けて、鼻から息を抜きます。 日本語の「万歳」「案内」の「ん」の音。	손 手　인사 挨拶
[t]	舌先を上の歯の裏に付けて、息を遮断します。 日本語の「こってり」「納豆」の「っ」の音。	곧 すぐ　못 くぎ　있다 いる/ある 낮 昼　덫 罠　끝 終わり　좋다 良い
[l]	英語の「l」より舌先を裏に付けます。	물 水　가을 秋
[m]	唇をしっかり閉じて、鼻から息を抜きます。 日本語の「さんま」「販売」も「ん」の音。	봄 春　김치 キムチ
[p]	唇をしっかり閉じて、息を遮断します。 日本語の「いっぱい」「はっぱ」の「っ」の音。	입 口　잎 葉
[ŋ]	口を開けた状態で、舌先は下の歯の裏に付けたまま、鼻から息を抜きます。 日本語の「案外」「三月」の「ん」の音。	강 川　형 兄（弟にとって）

一つパッチムの中で「 ㅋ ㄲ ㅅ ㅆ ㅈ ㅊ ㅌ ㅎ ㅍ 」のパッチムは上記の表の通り発音されるので、注意しましょう。

2. 二つパッチム 16

発音記号	二つパッチム	例
[k]	ㄳ [kt]　ㄺ [lk]	넋 魂　닭 鶏
[n]	ㄵ [nt]　ㄶ [nt]	앉다 座る　않다 (し) ない
[l]	ㄳ [lt]　ㄾ [lt]　ㅀ [lt]　ㄼ [lp]	외곬 一筋　핥다 なめる　잃다 なくす　여덟 八つ
[m]	ㄻ [lm]	삶다 ゆでる
[p]	ㅄ [pt]　ㄿ [lp]	값 値段　읊다 詠む

★ 二つパッチムのどちらを発音するかは、一定のルールがあります。
① [t]パッチムは、優先的に脱落します。
② [t]パッチムがない場合は、[l]パッチムが脱落します。

★ ㄼパッチムは主に[l]を発音しますが、[p]を発音する場合もあります。
例）밟다 [밥따] 踏む

練習 1 パッチムに気をつけて、正しく発音してみましょう。17

(1) 택시 タクシー　닦다 拭く　서녘 西方面
(2) 우산 雨傘　사진 写真　시간 時間
(3) 숟가락 スプーン　젓가락 箸　벚나무 桜　꽃 花
갔다 行った　같다 同じ　놓다 置く
(4) 달 月　별 星　겨울 冬
(5) 사람 人　몸 体　여름 夏
(6) 수업 授業　집 家　짚 藁
(7) 사랑 愛　종이 紙　공부 勉強

練習 2 パッチムの違いに気をつけて、正しく発音してみましょう。18

(1) 산 山　삼 三　상 賞
(2) 막 幕　맛 味　말 言葉/馬
(3) 박 朴　반 半分　밭 畑　발 足　밤 夜/栗　밥 ご飯　방 部屋

練習 3 二つパッチムに気をつけて、正しく発音してみましょう。19

(1) 몫 取り分　밝다 明るい
(2) 얹다 載せる　많다 多い
(3) 읎 報い　훑다 すすぎ落とす　끓다 沸く　짧다 短い
(4) 젊다 若い　굶다 飢える

20 漢語系数詞

韓国語には、漢語系数詞と固有語系数詞の２種類の数詞があります。漢語系数詞は日本語の「いち、に、～」と発音、使い方がよく似ています。

一	二	三	四	五	六	七	八	九	十
일	**이**	**삼**	**사**	**오**	**육**	**칠**	**팔**	**구**	**십**

百	千	万	億
백	**천**	**만**	**억**

＊ 0（ゼロ）は、공 または영

21 漢語系数詞に使われる助数詞

년(年)	이천이십일 년　2021年	학년(年生)	일 학년　1年生
월(月)	구월　9月　십일월　11月	번(番)	칠 번 출구　7番出口
일(日)	이십육 일　26日	원(ウォン)	만 원　1万ウォン
분(分)	삼십 분　30分	인분(人前)	오 인분　5人前
주일(週間)	사 주일　4週間	층(階)	팔 층　8階

★ 注意　① 6 月は육월ではなく유월、10 月は십월ではなく시월です。注意しましょう。
② 「～十六（십육）」の発音は表記と異なる。実際、[～심뉵] と発音します。
③ 「一千（천）」「一万（만）」は「一（일）」を省略するが、「一億」は「일억」と言います。

22 練習 1 次の質問に答えてみましょう。

(1) 화장실이 몇 층이에요? お手洗いは何階ですか。
2階です。 → ____________________

(2) 몇 학년이에요? 何年生ですか。
1年生です。 → ____________________

(3) 생일이 언제예요? 誕生日はいつですか。
4月19日です。 → ____________________

(4) 교통카드가 얼마예요? 交通カードはいくらですか。
7,000ウォンです。→ ____________________

(5) 오늘은 몇 월 며칠이에요? 今日は何月何日ですか。
→ ____________________

練習２ 次の写真のハングル文字と値段を読んでみましょう。 23

(1)

(2)

(3)

(4)

第5課 発音の変化

24 1. 有声音化

1-1母音の直後

「ㄱ」「ㄷ」「ㅂ」「ㅈ」は、語頭では [k][t][p][tʃ] と発音しますが、2 文字目以降では、それぞれ [g][d][b][dʒ] と有声音化します。

	発音記号		例
	語頭	語中	
ㄱ	[k]	[g]	고기 (肉) [kogi]
ㄷ	[t]	[d]	도둑 (泥棒) [toduk]
ㅂ	[p]	[b]	부부 (夫婦) [pubu]
ㅈ	[tʃ]	[dʒ]	자주 (しょっちゅう) [tʃadʒu]

25 練習 次の単語を発音してみましょう。

(1) 아기 赤ちゃん　가게 店　지구 地球
(2) 어디 どこ　바다 海　유도 柔道
(3) 아버지 父　후보 候補　나비 蝶々
(4) 아주 とても　과자 お菓子　바지 ズボン

26 1-2 パッチムの直後

「ㄱ」「ㄷ」「ㅂ」「ㅈ」は、パッチム「ㄴ」「ㅁ」「ㄹ」「ㅇ」の直後では、それぞれ「g」「d」「b」「dʒ」と有声音化します。

例) 한국 [hanguk] 韓国　캄보디아 [kambodia] カンボジア
일본 [ilbon] 日本　중국 [tʃuŋguk] 中国

27 練習 次の単語を発音してみましょう。

(1) 친구 友達　감기 風邪　얼굴 顔　생각 考え/思い
(2) 운동 運動　남동생 弟　월드컵 ワールドカップ　냉동 冷凍
(3) 신발 靴　담배 タバコ　갈비 カルビ　공부 勉強
(4) 언제 いつ　남자 男　알죠? 知ってるでしょう　형제 兄弟

2. 連音化 28

パッチムの直後にㅇが来ると、パッチムの音がㅇの位置に移ります。また二つパッチムの場合は、右側のパッチムがㅇに移り、二つとも発音します。

例）음악 [으막] 音楽　한국인 [한구긴] 韓国人　젊은이 [절므니] 若者

練習 次の単語を発音してみましょう。29

(1) 독일 ドイツ	(2) 한일 韓日	(3) 단어 単語
(4) 신인 新人	(5) 연애 恋愛	(6) 발음 発音
(7) 금연 禁煙	(8) 입원 入院	(9) 읽어요 読みます

3. 濃音化 30

パッチム [k][t][p] の直後に「ㄱ」「ㄷ」「ㅂ」「ㅅ」「ㅈ」が続くと、それぞれ「ㄲ」「ㄸ」「ㅃ」「ㅆ」「ㅉ」と発音します。

例）학교 [학꾜] 学校　식당 [식땅] 食堂　숙박 [숙빡] 宿泊
입시 [입씨] 入試　숙제 [숙쩨] 宿題

練習 次の単語を発音してみましょう。31

(1) 합격 合格	약국 薬局	입구 入口
(2) 작다 小さい	꽃다발 花束	깍두기 カクテキ
(3) 국밥 クッパ	옆방 隣の部屋	팥빙수 パッピンス
(4) 약속 約束	박사 博士	학생 学生
(5) 잡지 雑誌	낮잠 昼寝	옷장 洋服ダンス

4. 激音化 32

パッチム [k][t][p] やパッチム「ㅈ」の後に「ㅎ」が続くと、それぞれ「ㅋ」「ㅌ」「ㅍ」「ㅊ」と激音化します。またパッチム「ㅎ」音の後に「ㄱ」「ㄷ」「ㅈ」が続くと、それぞれ「ㅋ」「ㅌ」「ㅊ」と激音化します。

例）축하 [추카] 祝賀　맏형 [마텽] 長兄　입학 [이팍] 入学
부딪히다 [부디치다] ぶつかる　좋다 [조타] 良い　좋지 [조치] 良いよね

33 **練習** 次の単語を発音してみましょう。

(1)	역할 役割	직행 直行	백화점 デパート
(2)	못하다 できない	따뜻하다 暖かい	몇 학년 何年生
(3)	협회 協会	넓히다 広げる	복잡하다 複雑だ
(4)	꽂히다 ささる	맞히다 的に当てる	
(5)	많고 多くて	많다 多い	많지 多いよね
(6)	빨갛고 赤くて	빨갛다 赤い	빨갛지 赤いよね

34 5. ㅎ音の弱音化と無音化

パッチム「ㄴ」「ㄹ」「ㅁ」「ㅇ」や、母音の直後に「ㅎ」が続くと、「ㅎ」の発音はとても弱くなります。またパッチム「ㅎ」の直後に「ㅇ」が続くと、「ㅎ」は発音しません。

例) 전화 [저놔] 電話　결혼 [겨론] 結婚　남학생 [나막쌩] 男子学生
영화 [영와] 映画　고향 [고양] 故郷　좋아 [조아] 良いね

35 **練習** 次の単語を発音してみましょう。

(1)	은행 銀行	번호 番号	문학 文学
(2)	철학 哲学	올해 今年	말하다 話す
(3)	음향 音響	삼호선 3号線	열심히 一生懸命
(4)	안녕히 元気で	공항 空港	평화 平和
(5)	사회 社会	기후 気候	대화 対話
(6)	많이 たくさん	싫어요 嫌いです	놓아요 置きます

36 6. 口蓋音化

パッチムの「ㄷ」「ㅌ」の後に「이」が続くと、それぞれ「지」「치」と発音します。

例) 굳이 [구지] あえて　같이 [가치] 一緒に

37 **練習** 次の単語を発音してみましょう。

(1)	해돋이 日の出	미닫이 引き戸	곧이 まっすぐに
(2)	붙이다 貼る	샅샅이 くまなく	햇볕이 日光が

7. 流音化（舌側音化）38

パッチム「ㄴ」の後に「ㄹ」が続く場合、あるいは、パッチム「ㄹ」の後に「ㄴ」が続く場合、[ㄹㄹ]と発音します。

例）신라 [실라] 新羅　　일년 [일련] 一年

練習 次の単語を発音してみましょう。39

(1)	연락 連絡	편리 便利	권리 権利
(2)	설날 正月	실내 室内	오늘날 こんにち

8. 鼻音化 40

8-1 パッチム[k][t][p]の後に「ㄴ」「ㅁ」が続くと、パッチムはそれぞれ「ㅇ」「ㄴ」「ㅁ」と発音します。

例）작년 [장년] 昨年　　식물 [싱물] 植物
　　윷놀이 [윤노리] 韓国版すごろく　　콧물 [콘물] 鼻水
　　입니다 [임니다] です　　십만 [심만] 十万

8-2 パッチム[k][t][p]の後に「ㄹ」が続くと、「ㄹ」は「ㄴ」に変わり、パッチム[k][t][p]は 41 それぞれ「ㅇ」「ㄴ」「ㅁ」と発音します。

例）국립 [궁닙] 国立　　몇 리 [면리] 何里　　협력 [혐녁] 協力

8-3 パッチム「ㅁ」「ㅇ」の後に「ㄹ」が続くと、「ㄹ」は「ㄴ」と発音します。42

例）심리 [심니] 心理　　종로 [종노] 鐘路（地名）

練習 次の単語を発音してみましょう。43

(1)	학년 学年	국내 国内	악몽 悪夢	한국말 韓国語
(2)	옛날 昔	끝나다 終わる	거짓말 嘘	몇 명 何人
(3)	앞날 将来	합니다 します	업무 業務	입맛 食欲
(4)	학력 学歴	디근리을 ティグッ(ㄷ)リウル(ㄹ)	법률 法律	
(5)	음료수 ソフトドリンク	정류장 停留場		

44 固有語系数詞

固有語系数詞は、日本語の「ひとつ、ふたつ、～」に当たる数詞です。

1	2	3	4	5	6	7	8	9	10
하나 **(한)**	**둘** **(두)**	**셋** **(세)**	**넷** **(네)**	**다섯**	**여섯**	**일곱**	**여덟**	**아홉**	**열**
11	12	13	14	15	16	17	18	19	20
열하나 **(열한)**	**열둘** **(열두)**	**열셋** **(열세)**	**열넷** **(열네)**	**열다섯**	**열여섯**	**열일곱**	**열여덟**	**열아홉**	**스물** **(스무)**

★ 後ろに助数詞を伴う場合は、( )の連体形を使います。

45 固有語系数詞に使われる助数詞

시 時	여섯 시 6時	명 人/名	다섯 명 5人
시간 時間	한 시간 1時間	사람 人	일곱 사람 7人
살 歳	스무 살 20歳	마리 匹/頭/羽	네 마리 4匹
개 個	두 개 2個	잔 杯	세 잔 3杯
번 回、度	여덟 번 8回	병 瓶・本	아홉 병 9本

46 練習 次の質問に答えてみましょう。

(1) 수업이 몇 시예요? 授業は何時ですか。
午後 (오후) 3時半 (반) です。 → ____________________

(2) 몇 살이에요? 何歳ですか。
21歳です。 → ____________________

(3) 가족은 몇 명이에요? 家族は何人ですか。
6人です。 → ____________________

(4) 집에서 학교까지 얼마나 걸려요? 家から学校までどのぐらいかかりますか。
2時間ぐらい (정도) かかります。 → ____________________

4. ソウル圏鉄道路線図

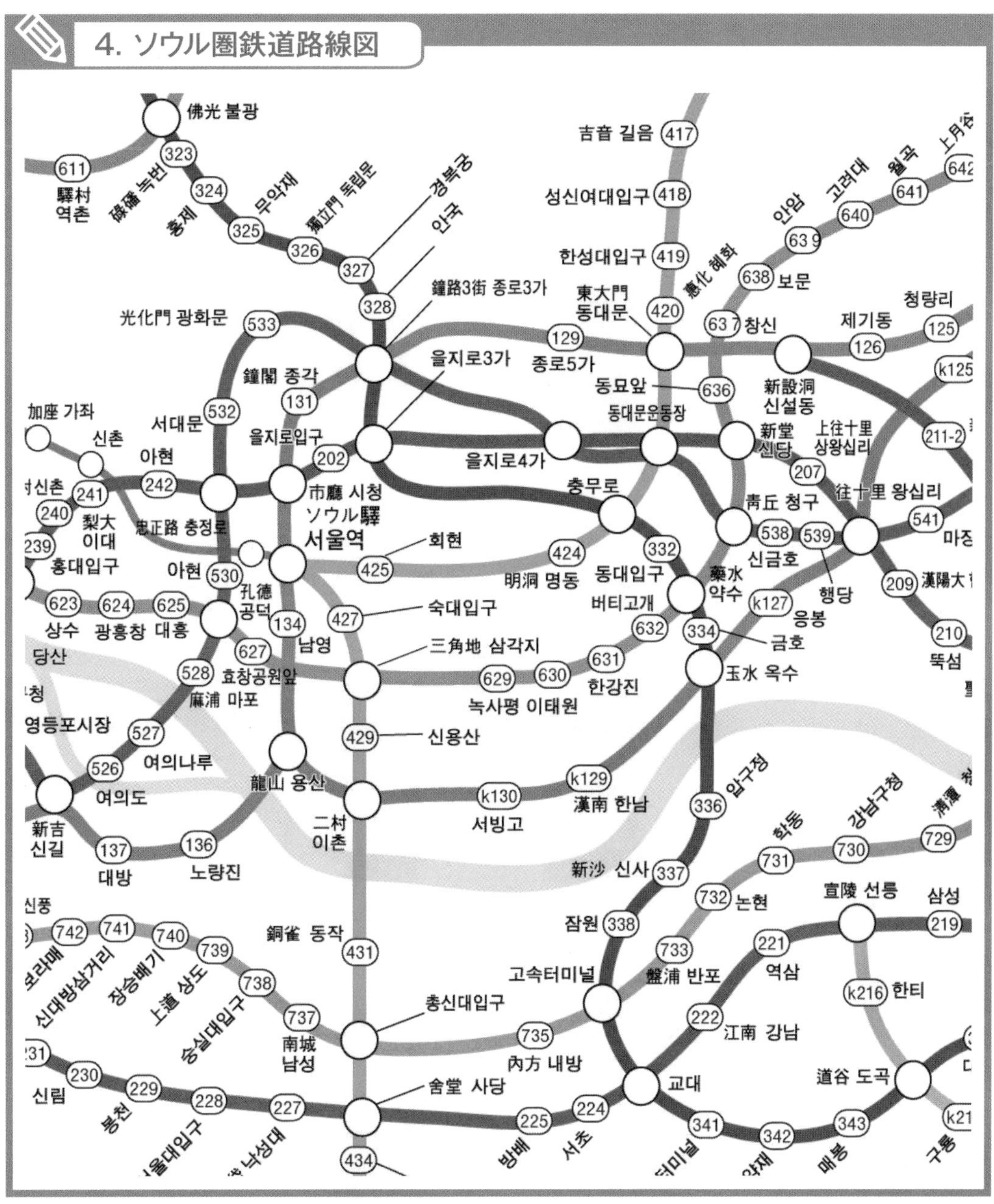
佛光 불광
611
驛村 역촌
323
碌磻 녹번
324
홍제
325
무악재
326
獨立門 독립문
327
경복궁
328
안국
鐘路3街 종로3가
吉音 길음
417
성신여대입구
418
한성대입구
419
惠化 혜화
420
東大門 동대문
안암
고려대
월곡
上月谷
642
641
640
639
638
보문
637
창신
제기동
126
청량리
125
k125
光化門 광화문
533
129
종로5가
을지로3가
동묘앞
636
新設洞 신설동
鐘閣 종각
131
동대문운동장
加座 가좌
532
서대문
신촌
을지로입구
新堂 신당
上往十里 상왕십리
211-2
아현
202
을지로4가
207
242
241
240
239
市廳 시청
ソウル驛
서울역
충무로
青丘 청구
往十里 왕십리
梨大 이대
忠正路 충정로
541
홍대입구
회현
424
332
538
539
신금호
마장
아현
530
425
明洞 명동
동대입구
藥水 약수
623
624
625
孔德 공덕
427
숙대입구
버티고개
k127
응봉
행당
209
漢陽大
상수
광흥창
대흥
134
남영
632
334
금호
210
당산
627
三角地 삼각지
631
뚝섬
528
효창공원앞
629
630
한강진
玉水 옥수
麻浦 마포
녹사평
이태원
영등포시장
527
429
신용산
526
여의나루
龍山 용산
k129
여의도
k130
漢南 한남
336
압구정
新吉 신길
二村 이촌
서빙고
학동
강남구청
清潭
137
136
731
730
729
대방
노량진
新沙 신사
337
732
논현
宣陵 선릉
삼성
신풍
742
741
740
銅雀 동작
잠원
338
219
739
431
733
221
보라매
신대방삼거리
장승배기
上道 상도
738
고속터미널
盤浦 반포
역삼
k216
한티
숭실대입구
737
총신대입구
222
江南 강남
南城 남성
735
231
230
內方 내방
道谷 도곡
신림
229
228
227
舍堂 사당
224
교대
봉천
서울대입구
낙성대
225
341
342
343
k21
434
방배
서초
터미널
양재
매봉
구룡

あいさつ

47 ● 会ったとき

● 別れのとき 48

49 ● 感謝と謝罪

● その他 50

第6課 私はキム・テミンです。

1 ～です / ～ですか?
2 ではありません / ～ではありませんか?
3 ～は
4 ～が〈格助詞〉

韓国語には二種類の丁寧表現があります。格式ばった「합니다体」、打ち解けた感じの「해요体」がそれです。日本語に訳すと「～です」になりますが、韓国人は場面や相手によって使い分けます。

文法

1 ～です / ～ですか?

1 −1 平叙文

体言+입니다.

パッチム無体言 + 예요.
パッチム有体言 + 이에요.

例) 학교（学校）→ 학교입니다. 　학교 → 학교예요.
학생（学生）→ 학생입니다. 　학생 → 학생이에요.

1 −2 疑問文

体言+입니까?

パッチム無体言 + 예요?
パッチム有体言 + 이에요?

例) 학교 → 학교입니까? 　학교 → 학교예요?
학생 → 학생입니까? 　학생 → 학생이에요?

2 ～ではありません / ～ではありませんか?

2 −1 平叙文

パッチム無体言 + 가 아닙니다
パッチム有体言 + 이 아닙니다

パッチム無体言 + 가 아니에요
パッチム有体言 + 이 아니에요

例) 의사（医者） → 의사가 아닙니다. 　의사 → 의사가 아니에요.
회사원（会社員）→ 회사원이 아닙니다. 　회사원 → 회사원이 아니에요.

2 –2 疑問文

パッチム無体言 ＋ 가 아닙니까?　　パッチム無体言 ＋ 가 아니에요?
パッチム有体言 ＋ 이 아닙니까?　　パッチム有体言 ＋ 이 아니에요?

例）의사　→ 의사가 아닙니까?　　의사　→　의사가 아니에요?
회사원 → 회사원이 아닙니까?　　회사원　→　회사원이 아니에요?

3 ～は

パッチム無体言 ＋ 는　　パッチム有体言 ＋ 은

例）어머니（お母さん）→　어머니는　　선생님（先生）→　선생님은

4 ～が〈格助詞〉

パッチム無体言 ＋ 가　　パッチム有体言 ＋ 이

例）누나（姉）→　누나가　　형（兄）→　형이

※「わたし」に当たる「나」は「나가」ではなく「내가」、「わたくし」に当たる「저」は「저가」ではなく「제가」になるので注意を！

5. 人称代名詞

		〈単数〉は	〈単数〉が	〈複数〉	〈複数〉は	〈複数〉が
1人称	나	나는	내가	우리(들)	우리는	우리가
	저	저는	제가	저희(들)	저희는	저희가
2人称	너	너는	네가	너희(들)	너희는	너희가

練習問題 I

1 例を参考に文章を作ってみましょう。

	~예요 / 이에요 ~です	~가 / 이 아니에요 ~ではありません
例) 친구 (友達)	친구예요	친구가 아니에요
(1) 아버지 (お父さん)		
(2) 어머니 (お母さん)		
(3) 딸 (娘)		
(4) 선생님 (先生)		
(5) 유학생 (留学生)		

2 日本語を参考に(　　　)に適切な助詞を入れてみましょう。

(1) 한국사람 (　　) 韓国人は　　(2) 일본 (　　) 日本が
(3) 재일교포 (　　) 在日コリアンは　　(4) 직업 (　　) 職業が
(5) 아들 (　　) 息子は　　(6) 엄마 (　　) ママが
(7) 우리 (　　) 私(僕)たちは　　(8) 가족 (　　) 家族が
(9) 할아버지 (　　) お祖父さんは　　(10) 나라 (　　) 国が

3 例を参考に文章を作ってみましょう。

例) 専攻は法学ですか。　　전공(은) 법학(입니까/이에요)?
　専攻は法学ではありません。　　전공(은) 법학(이) (아닙니다/아니에요).

(1) 私は大学生です。　　저 (　　) 대학생 (　　/　　).
(2) 名前は○○です。　　이름 (　　) (　　) (　　/　　).
(3) 故郷は○○です。　　고향 (　　) (　　) (　　/　　).
(4) 趣味は○○ですか。　　취미 (　　) (　　) (　　/　　)?
(5) 妹は中学生ではありません。
　여동생 (　　) 중학생(　　)(　　/　　).

6. 家族 (親族) 名称

51

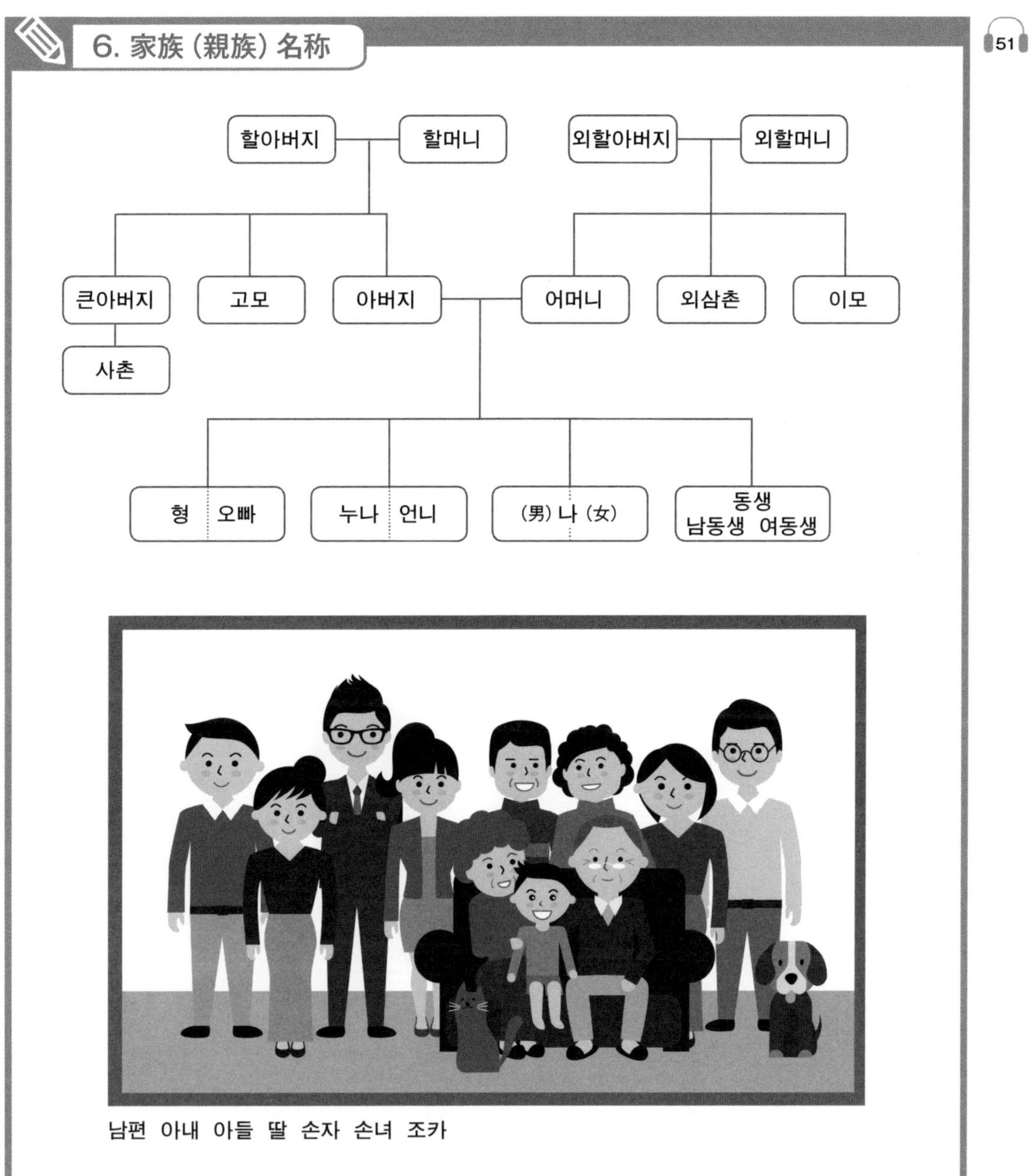

7. 趣味

52

여행 독서 볼링 럭비 축구 조깅 영화감상
수영 골프 농구 요리 야구 드라이브 테니스
스키 피아노 등산 배구 낚시

会話

53

제6과 저는 김태민입니다.

태민 : 안녕하십니까?
저는 김태민입니다.

미우 : 안녕하세요?
제 이름은 야마모토 미우예요.

태민 : 만나서 반갑습니다.
미우 씨는 재일교포입니까?

미우 : 아니요. 재일교포가 아니에요.
일본 사람이에요.

新出語彙 新出語彙の表記例 【 】基本形 〈 〉品詞 [ ] 漢字表記

- **안녕하십니까?** こんにちは【안녕하다】
- **저** わたくし
  ★ 一人称の謙譲語です。目上の人、初対面の相手に使います。同年代の相手とは仲良くなると「나（わたし）」を使います。年下の相手には最初から「나」を使って差し支えありません。
- **는 / 은** は
- **입니다** です【이다】
- **안녕하세요?** こんにちは【안녕하다】
- **제** わたくしの
  ※「나（わたし）」の所有にあたる「わたしの」は「내」。
- **이름** 名前
- **예요 / 이에요** です【이다】
- **만나서 반갑습니다**
  お会いできて嬉しいです【반갑다】
- **씨** ～さん
- **재일교포** [在日僑胞] 在日コリアン
- **입니까?** ですか【이다】
- **아니요** いいえ
- **가 / 이** が
- **아니에요** 違います【아니다】
- **일본 사람** 日本人

1 例を参考に自己紹介をしてみましょう。

例） ① 법 (法), 경제 (経済), 외국어 (外国語), 문 (文), 국제문화 (国際文化),
신 (神), 상 (商)
② 요리 (料理), 독서 (読書), 음악감상 (音楽鑑賞), 영화감상 (映画鑑賞),
여행 (旅行), 쇼핑 (買い物)

こんにちは。私の名前は__________と申します (라고/이라고 합니다) 。
○○大学 (대학교) ____①____学部 (학부) 学生です。
私は日本人です。
私の故郷は________です。
趣味は____②____です。
お会いできて嬉しいです。
宜しくお願いします (잘 부탁합니다) 。

2 例のように友達を紹介してみましょう。

例） 私の友達の名前は______________です。
__________さんは____________人です。
__________さんは____(職業)____です。

(1) 나가이/ 일본 사람/ 공무원 (公務員)
(2) 왕찡/ 중국 사람/ 교환학생 (交換 (留) 学生)
(3) 마이클/ 미국 사람/ 엔지니어 (エンジニア)
(4) 마리아/ 프랑스 사람 / 디자이너 (デザイナー)
(5) 구스타프/ 독일 사람/ 교사 (教師)

3 例から適当なものを入れて言ってみましょう。

例） 이름, 직업, 전공, 고향, 취미, 집, 어느 나라

(1) ____________가/이 뭐예요?
(2) ____________가/이 어디예요?
(3) ____________ 사람이에요?

第7課 日本の実家に猫がいます。

1 あります / います、ありません / いません
2 ～と
3 ～に
4 指示代名詞と疑問詞

文法

> 韓国語は「いる」と「ある」を区別せず「있다」を用います。もちろん「いない」と「ない」も区別せず「없다」と言います。

1 あります / います、ありません / いません

1 –1 あります / います、ありますか / いますか

平叙文	있습니다.	있어요.
疑問文	있습니까?	있어요?

例) 강아지(子犬) → 강아지가 있습니까?　강아지 → 강아지가 있어요?
볼펜(ボールペン) → 볼펜이 있습니다.　볼펜 → 볼펜이 있어요.

1 –2 ありません / いません、ありませんか / いませんか

平叙文	없습니다.	없어요.
疑問文	없습니까?	없어요?

例) 교과서(教科書) → 교과서가 없습니다.　교과서 → 교과서가 없어요.
동생(年下の兄弟) → 동생이 없습니까?　동생 → 동생이 없어요?

2 ～と

パッチム無体言 + 와	パッチム有体言 + 과

例) 우유(牛乳) / 빵(パン) → 우유와 빵　빵 / 우유 → 빵과 우유

羅列の「と」は 와 / 과 の他にもう一つあります。

体言 + 하고

例) 우유 / 빵 → 우유하고 빵　빵 / 우유 → 빵하고 우유

3 ～に

体言 ＋ 에

例）집（家）　→ 집에 있어요.

일요일（日曜日）　→ 일요일에는 시간（時間）이 없어요.

4 指示代名詞と疑問詞

54

	この	その	あの	どの
	이	그	저	어느
	こ	そ	あ	ど
物	이것 (이거)	그것 (그거)	저것 (저거)	어느 것 (어느 거)
場所	여기	거기	저기	어디
方向	이쪽	그쪽	저쪽	어느쪽

★場所の「여기, 거기, 저기, 어디」は「に」にあたる「에」を省略できます。

例）これはどこにありますか。　이것 / 어디 → 이것은 어디 있어요?

55

誰	いつ	何	なぜ	いくら	何の	どんな
누구	언제	무엇 / 뭐（縮約形）	왜	얼마	무슨	어떤

例）あの人は誰ですか。　사람（人）/ 누구　→ 저 사람은 누구예요?

誕生日はいつですか。　생일（誕生日）/ 언제　→ 생일은 언제예요?

それは何ですか。　그것 / 무엇　→ 그것은 무엇이에요?

그거 뭐예요?

なぜそこにいますか。　왜 / 거기　→ 왜 거기 있어요?

これはいくらですか。　이것 / 얼마　→ 이것은 얼마예요?

이거 얼마예요?

今日は何の日ですか。　오늘（今日）/ 무슨 / 날（日）→ 오늘은 무슨 날이에요?

練習問題 I

1 例を参考に文章を作ってみましょう。

	~가/이 있습니다/있어요 ~があります(います)	~가/이 없습니다/없어요 ~がありません(いません)
例) 차 (車)	차가 있습니다/있어요	차가 없습니다/없어요
(1) 아빠 (パパ)		
(2) 형제 (兄弟)		
(3) 집 (家)		
(4) 사진 (写真)		
(5) 강아지 (子犬)		

2 日本語を参考に「와/과」を入れてみましょう。

(1) 兄と姉(妹にとって)　오빠 (　　) 언니

(2) 兄と姉(弟にとって)　형 (　　) 누나

(3) 財布と携帯電話　지갑 (　　) 휴대폰

(4) 机と椅子　책상 (　　) 의자

(5) 時計と眼鏡　시계 (　　) 안경

3 例を参考に文章を作ってみましょう。

例) 노트 / 책상 위 / 있다　ノートは机の上にあります。

→ 노트는 책상 위에 있습니다.

(1) 친구 / 식당 밖 / 있다　友だちは食堂の外にいます。

→ ______

(2) 차 / 주차장 안 / 있다 / ?　車は駐車場の中にありますか。

→ ______

(3) 화장실 / 교실 옆 / 없다　トイレは教室の横にありません。

→ ______

(4) 의자 / 나무 밑 / 없다 / ?　椅子は木の下にありませんか。

→ ______

(5) 은행 / 우체국 뒤 / 있다　銀行は郵便局の後ろにあります。

→ ______

4 日本語を参考に指示代名詞と疑問詞を入れてみましょう。

(1) この建物は何ですか。	(　　) 건물은 (　　)입니까?
これは図書館です。	(　　)은 도서관입니다.
(2) その人は誰ですか。	(　　) 사람은 (　　)예요?
この人は妹です。	(　　) 사람은 여동생이에요.
(3) あの本はいくらですか。	(　　) 책은 (　　)예요?
あれは9,000ウォンです。	(　　)은 9,000원입니다.
(4) カフェはどこですか。	카페는 (　　)입니까?
あそこです。	(　　)예요.
(5) 出口はどの方向ですか。	출구는 (　　)입니까?
この方向です。	(　　)입니다.
(6) 誕生日はいつですか。	생일은 (　　)예요?
今日です。	오늘이에요.
(7) 何色が良いですか。	(　　)색이 좋아요?
黄色です。	노란색입니다.
(8) なぜここにいますか。	(　　) (　　) 있습니까?
それは秘密です。	(　　)은 비밀이에요.

8. 位置関係を表す言葉

56

上	下	横	前	後ろ	中	外	間
위	밑 / 아래	옆	앞	뒤	안 / 속	밖	사이

右	左	東	西	南	北	向かい側
오른쪽	왼쪽	동 / 동쪽	서 / 서쪽	남 / 남쪽	북 / 북쪽	건너편/맞은편

会話

57

제7과　일본 집에 고양이가 있습니다.

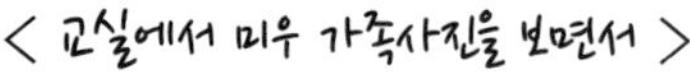

태민 : 미우 씨 가족입니까?

미우 : 네, 우리 가족사진이에요.

태민 : 이 사람은 누구예요?

미우 : 오빠입니다.
그 옆이 언니예요.

태민 : 동생은 없습니까?

미우 : 네, 없어요. 하지만 고양이가 있어요.
고양이 '레오' 가 내 동생이에요.

新出語彙

- **집** 家
- **에** に
- **고양이** 猫
- **가족** 家族
- **네** はい
- **우리** わたしたち
  ※一人称の複数形ですが、自分が属するグループの人や団体に対して「私の～」「我々の～」の意で使います。
- **사진** 写真
- **이** この
- **사람** ひと
- **누구** 誰
- **오빠** (女子が言う) お兄さん
- **그** その
- **옆** 隣
- **언니** (女子が言う) お姉さん
- **동생** 年下の兄弟
  ※ 年下の兄弟は弟・妹の区別をしないで、동생といいます。あえて区別を付ける場合は「남동생(弟)」「여동생(妹)」を使います。
- **없습니까?** いませんか【없다】
  없어요/いません
- **하지만** しかし
- **있어요** います【있다】
- **내** 私の

1 次は中川さんの家族を紹介する文章です。韓国語で言ってみましょう。

私の名前は中川ハルトです。大学1年生です。
私の家族は全部で（모두）4人です。父、母、弟と私です。
父は会社員です。母は音楽（음악）の先生です。弟は高校生です。
私の家族は鹿児島に住んでいます（살아요）。
私は学校の寮（기숙사）に住んでいます。

2 上記 **1** の家族紹介を参考に해요体で話してみましょう。

(1) 家族は何人（몇 명/사람）ですか。
(2) 父（母）の職業は何ですか。
(3) どこに住んでいますか（살아요?）。
(4) 会社員ですか。
(5) 何年生（몇 학년）ですか。
(6) 弟は大学生ですか。
(7) 妹はいますか。

3 次を韓国語で言ってみましょう。

(1) 図書館はどこにありますか。
①あちらです。　②正門（정문）の隣にあります。
(2) この人は誰ですか。
①私の母です。　②私の友達です。
(3) あれは誰のものですか。
①私のものです。　②英語の先生のものです。
(4) 兄弟（형제）は何人ですか。
(5) 姉はいますか。

第8課 今日は展示会の準備をします。

1 です / ます 〈합니다体〉
2 ～を
3 ～から、まで
4 ～で（場所）
5 ㄹ語幹

語幹とは、用言の基本型から「다」を除いた部分。例えば、「가다（行く）」の語幹は、「가다」から「다」を除いた部分「가」で、「먹다（食べる）」の語幹は、「먹다」から「다」を除いた部分「먹」です。

文法

1 です / ます 〈합니다体〉

パッチム無	パッチム有	ㄹパッチム
語幹 ＋ ㅂ니다	語幹 ＋ 습니다	語幹（ㄹ脱落）＋ ㅂ니다
語幹 ＋ ㅂ니까?	語幹 ＋ 습니까?	語幹（ㄹ脱落）＋ ㅂ니까?

例）가다（行く）→ 갑니다　　먹다（食べる）→ 먹습니다　　놀다（遊ぶ）→ 놉니다
　　　　　　　→ 갑니까?　　　　　　　　→ 먹습니까?　　　　　　　→ 놉니까?

2 ～を

パッチム無体言 ＋ 를　　　パッチム有体言 ＋ 을

例）차（お茶）→ 차를 마십니다.　　밥（ご飯）→ 밥을 먹습니다.

★日本語で「乗る」や「会う」には、一般的に助詞「～に」がつきます（「バスに乗る」、「友達に会う」等…）が、韓国語「타다（乗る）」と「만나다（会う）」は他動詞であるため、助詞「- 을 / 를」がつきます。

例）버스（バス）를 탑니다. 친구（友達）를 만납니다.

3 ～から、まで

体言（時）＋ 부터　　　体言（時）＋ 까지

例）아침（朝）→ 아침부터　　저녁（夕方）→ 저녁까지

体言（場所）＋ 에서　　　体言（場所）＋ 까지

例）역（駅）→ 역에서　　학교（学校）→ 학교까지

4 ～で（場所）

体言＋ 에서

例）도서관（図書館）/ 공부하다（勉強する）→ 도서관에서 공부합니다.
체육관（体育館）/ 운동하다（運動する）→ 체육관에서 운동합니다.

5 ㄹ語幹

語幹末がパッチム「ㄹ」で終わる用言をㄹ語幹と言います。
ㄹ語幹は、「ㅅ」「ㅂ」「ㄴ」で始まる語尾と接続すると、語幹末のパッチムㄹは脱落します。またㄹ語幹は、パッチムが無い語幹に接続する語尾と接続するので、注意しましょう。

基本形	パッチム無＋**ㅂ니다** パッチム有＋**습니다** （～ます）	パッチム無＋**면** パッチム有＋**으면** （～たら、ば）	語幹＋**는** （現在連体形～ている）
가다	갑니다	가면	가는
먹다	먹습니다	먹으면	먹는
알다	압니다	알면	아는

9. 時間を表す言葉

58

어제（昨日）	오늘（今日）	내일（明日）
지난주（先週）	이번주（今週）	다음주（来週）
지난달（先月）	이번달（今月）	다음달（来月）
작년（昨年）	올해（今年）	내년（来年）

月曜日	火曜日	水曜日	木曜日	金曜日	土曜日	日曜日
월요일	화요일	수요일	목요일	금요일	토요일	일요일

朝	昼	夕方	夜	午前	午後	週末
아침	낮/점심	저녁	밤	오전	오후	주말

練習問題 I

1 例を参考に活用してみましょう。

基本形	～ㅂ니다/습니다. ～です/ます。	～ㅂ니까/습니까? ですか/ますか。
例) 가다 (行く)	갑니다. (行きます。)	갑니까? (行きますか。)
(1)오다 (来る)		
(2)하다 (する)		
(3)많다 (多い)		
(4)듣다 (聞く)		
(5)크다 (大きい)		
(6)작다 (小さい)		
(7)서다 (立つ)		
(8)찍다 (撮る)		
(9)걸리다 (かかる)		
(10)살다 (住む)		

2 日本語を参考に韓国語の文章を作ってみましょう。

(1) 映画を見ます。(영화, 보다)

→ ______________________________

(2) プレゼントをもらいます。(선물, 받다)

→ ______________________________

(3) 道を探します。(길, 찾다)

→ ______________________________

(4) 時計を買います。(시계, 사다)

→ ______________________________

(5) 絵を描きます。(그림, 그리다)

→ ______________________________

(6) 交通カードを売ります。(교통카드, 팔다)

→ ______________________________

3 例を参考に「~부터/에서(から)~까지(まで)」の文章を作ってみましょう。

例)朝 / 夕方 / 勉強する

→ 아침부터 저녁까지 공부합니다.

(1) 家 / 学校 / 歩いて行く(걸어가다)

→

(2) 10時 / 11時 / ラジオを聴く(라디오를 듣다)

→

(3) ソウル / 釜山 / 旅行する(여행하다)

→

(4) 7月 / 9月 / 暑い(덥다)

→

(5) 夏 / 秋 / 遊ぶ(놀다)

→

4 例を参考に「~で　~を　~します」の文章を作ってみましょう。

例)한국(韓国)/ 한국음식(韓国の食べ物)/ 먹다(食べる)

→ 한국에서 한국음식을 먹습니다.

(1) 도서관(図書館)/ 책(本)/ 읽다(読む)

→

(2) 버스터미널(バスターミナル)/ 차(車)/ 타다(乗る)

→

(3) 카페(カフェ)/ 애인(恋人)/ 만나다(会う)

→

(4) 노래방(カラオケ)/ 노래(歌)/ 부르다(歌う)

→

(5) 집(家)/ 간식(おやつ)/ 만들다(作る)

→

59

제 8 과 오늘은 전시회 준비를 합니다.

미우 : 오늘 오후에 뭐 합니까?

태민 : 동아리 친구와 사진 전시회 준비를 합니다.
전시회 준비는 시간이 많이 듭니다.

미우 : 태민 씨도 사진을 찍습니까?

태민 : 네, 6월 24일 월요일부터 6월 28일 금요일까지
학생회관 1층에서 전시회를 합니다.
티켓은 3,500원입니다.
하지만 내 친구 미우 씨는 공짜예요.

新出語彙

- 오늘 今日
- 오후 午後
- 뭐 なに
- 합니까 しますか【하다】
- 동아리 サークル、クラブ活動
- 친구 友達
- 전시회 展示会
- 준비 準備
- 시간 時間
- 많이 多くの、たくさん
- 듭니다 (お金、努力が) かかります【들다】
- 도 も
- 찍습니까 撮りますか【찍다】
- 월 月
- 일 日
- 월요일 月曜日
- 부터 から
- 금요일 金曜日
- 까지 まで
- 학생회관 学生会館
- 층 階
- 에서 (場所) で
- 티켓 チケット
- 원 ウォン (韓国の通貨単位)
- 공짜 タダ、無料

1 今日の午後の予定を話してみましょう。

質問) 오늘 오후에 뭐 합니까?

(1) 동아리방, 전시회, 준비하다　(2) 학교 앞, 친구, 만나다

(3) 식당, 아르바이트, 하다　(4) 도서관, 책, 읽다

(5) 自分の予定

2 週末の予定を話してみましょう。

質問) 주말 (週末) 에 뭐 합니까?

(1) 부모님, 백화점, 쇼핑하다　(2) 혼자서 (一人で), 방, 음악, 듣다

(3) 친구, 공원, 자전거, 타다　(4) 여동생, 집, 케이크, 만들다

(5) 自分の予定

3 次のカレンダー (달력) をもとに話してみましょう。

7月

日	月	火	水	木	金	土
						1 보강
2 음악회	3	4	5	6 동아리 모임	7	8
9	10	11 미우 생일	12	13	14	15 바자회
16	17 바다의 날	18	19 한국어 수업	20	21 시험	22
23	24	25	26	27	28 여름방학	29
30	31					

(1) 試験は何曜日 (무슨 요일) ですか。

(2) 7月17日は何の (무슨) 日ですか。

(3) ミウさんの誕生日はいつですか。

(4) 韓国語の授業はいつですか。

(5) 夏休みはいつからですか。

第9課 ボールペンでレポートを書いています。

1 否定形
2 ～ています
3 ～する前に
4 ～けれど、～が
5 ～で（手段・方法）
6 ～ですよ（ね）
7 ～（人）に

文法

1 否定形（～ません / ～くありません）

1 −1 안 ⬚ 述語

例）가다 → 안 갑니다.
안 갑니까?

먹다 → 안 먹습니다.
안 먹습니까?

※ 하다動詞に「안」をつけるときは、名詞と「하다」の間に「안」を挟み込みます。

例）공부하다（勉強する） → 공부 안 합니다 / 공부 안 해요.

1 −2

平叙文	語幹 ＋ 지 않습니다.
疑問文	語幹 ＋ 지 않습니까?

例）크다（大きい） → 크지 않습니다.
크지 않습니까?

작다（小さい） → 작지 않습니다.
작지 않습니까?

2 ～ています

平叙文	語幹 ＋ 고 있습니다.
疑問文	語幹 ＋ 고 있습니까?

例）보다（見る） → 보고 있습니다.
보고 있습니까?

듣다（聞く） → 듣고 있습니다.
듣고 있습니까?

3 ～する前に

語幹 ＋ 기 전에

例）놀다 / 놀 ＋ 기 전에 → 놀기 전에 숙제를 합니다.
자다（寝る） / 자 ＋ 기 전에 → 자기 전에 책을 읽습니다.

4 ～けれど、～が

用言 語幹 ＋ 지만

「- 지만」は用言の語幹につき、逆接を表します。

例）일하다（働く）/ 일하 ＋ 지만 → 평일에는 일하지만 주말에는 쉽니다.
멀다（遠い） / 멀 ＋ 지만 → 그 가게는 멀지만 맛있습니다.

体言 パッチム無体言 ＋ 지만 パッチム有体言 ＋ 이지만

例）부자（金持ち）/ 행복하다（幸せだ） → 부자지만 행복하지 않습니다.
휴일（休日） / 학교에 가다 → 휴일이지만 학교에 갑니다.

5 ～で（手段・方法）

パッチム無体言 ＋ 로
パッチム有体言 ＋ 으로
ㄹ体言 ＋ 로

例）자전거（自転車）→ 자전거로 갑니다.
신칸센（新幹線）→ 신칸센으로 갑니다.
지하철（地下鉄）→ 지하철로 갑니다.

6 ～ですよ（ね）

用言 語幹 ＋ 죠 例）당연하다（当然だ） → 당연하죠.

体言 パッチム無体言 ＋ 죠 パッチム有体言 ＋ 이죠

例）여름에는 생맥주（生ビール） → 여름에는 생맥주죠.
겨울에는 군밤（焼き栗） → 겨울에는 군밤이죠.

7 ～（人）に

体言（人）＋ 에게

例）할머니 / 전화하다（電話する）
→ 할머니에게 전화합니다.

体言（人）＋ 한테

例）친구 / 메일을 보내다（メールを送る）
→ 친구한테 메일을 보냅니다.

★ 人に限らず動物などの生き物にも使えます。例）고양이한테 먹이를 줍니다.

練習問題 I

1 例を参考に否定形に直してみましょう。

基本形	안 -ㅂ / 습니다	~지 않습니다
例) 가다 (行く)	안 갑니다	가지 않습니다
(1) 오다 (来る)		
(2) 찍다 (撮る)		
(3) 쉬다 (休む)		
(4) 아프다 (痛い)		
(5) 춥다 (寒い)		
(6) 많다 (多い)		
(7) 팔다 (売る)		
(8) 깨끗하다 (きれい(清潔)だ)		
(9) 식사하다 (食事する)		
(10) 운동하다 (運動する)		

2 例を参考に文章を作ってみましょう。

例) 커피 / 마시다 → 커피를 마시고 있습니다.

(1) 친구 / 기다리다 (待つ) → ________________

(2) 밥 / 먹다 → ________________

(3) 야구 / 하다 → ________________

(4) 자전거 / 타다 → ________________

(5) 길 / 찾다 → ________________

3 次の日本語を韓国語に直してみましょう。

(1) 卒業(졸업)する前に写真を撮ります。 → ______________________

(2) 写真を撮る前に鏡(거울)を見ます。 → ______________________

(3) TVを見る前に宿題を終えます(끝내다)。 → ______________________

(4) 家を出る(나가다)前に掃除(청소)をします。 → ______________________

(5) ご飯を食べる前に手を洗います(씻다)。 → ______________________

4 次の日本語を韓国語に直してみましょう。

(1) 辛い(맵다)けど美味しい(맛있다)です。

→ ______________________

(2) この服(옷)は可愛い(예쁘다)けど小さいです。

→ ______________________

(3) 車は好きだ(좋아하다)けど運転(운전)しません。

→ ______________________

(4) 外国人(외국인)だけど発音が良い(좋다)です。

→ ______________________

(5) 子どもだけど背(키)が高い(크다)です。

→ ______________________

5 手段や方法を表す「～で」を韓国語で入れてみましょう。

(1) 비누 (　　　　) 씻습니다. 石鹸で洗います。

(2) 배추 (　　　　) 담급니다. 白菜で漬けます。

(3) 손 (　　　　) 만듭니다. 手でつくります。

(4) 약 (　　　　) 치료합니다. 薬で治療します。

(5) 발 (　　　　) 찹니다. 足で蹴ります。

練習問題 I

6 例を参考に「~에는/에게 (한테) 는~죠/이죠」の文章を作ってみましょう。

例) 아이 / 무겁다 (重い) → 아이에게는 무겁죠. (子供には重いですよね。)

어머니 / 카네이션 (カーネーション)

→ 어머니한테는 카네이션이죠. (お母さんにはカーネーションですよね。)

밥 / 김치 → 밥에는 김치죠. (ご飯にはキムチですよね。)

(1) 중학생 / 크다 → ＿＿＿＿＿＿＿＿

(2) 선생님 / 쉽다 (易しい) → ＿＿＿＿＿＿＿＿

(3) 밤 / 조용하다 (静かだ) → ＿＿＿＿＿＿＿＿

(4) 아기 / 엄마 → ＿＿＿＿＿＿＿＿

(5) 맥주 (ビール) / 치킨 (チキン) → ＿＿＿＿＿＿＿＿

(6) 아침 / 커피 → ＿＿＿＿＿＿＿＿

10. 世界の国と地域

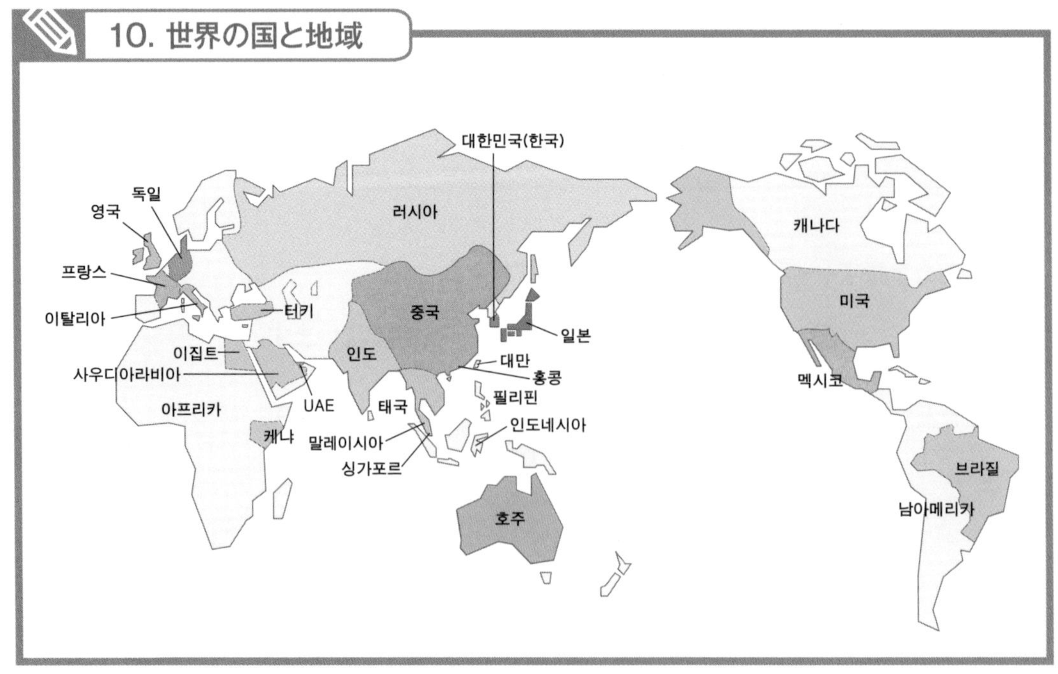

11. 韓国の食べ物

60

비빔밥

불고기

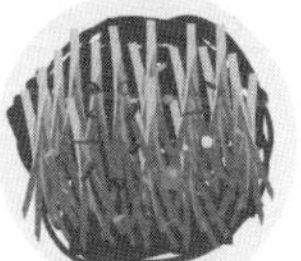
파전

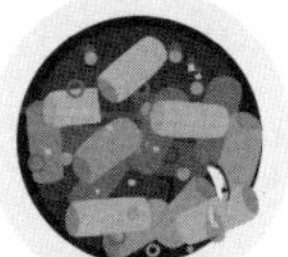
떡볶이

김치찌개

김밥

갈비

잡채

호떡

된장찌개

냉면

삼겹살

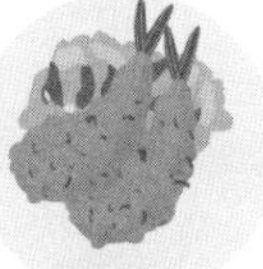
튀김

핫도그

순두부찌개

칼국수

삼계탕

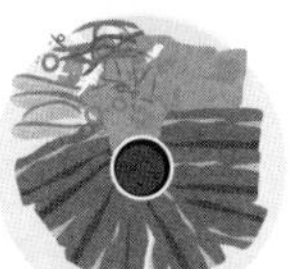
보쌈

붕어빵

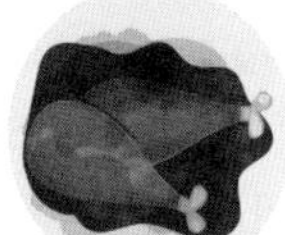
양념치킨

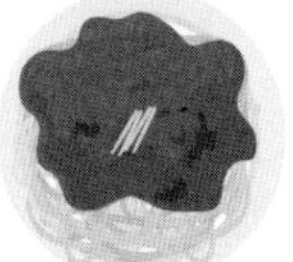
짜장면

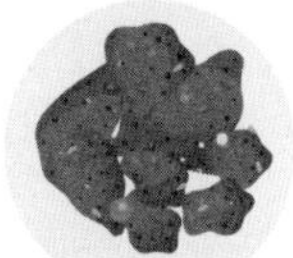
닭강정

백반

팥빙수

프라이드치킨

61

제9과 볼펜으로 리포트를 쓰고 있습니다.

미우 : 지금 윤 교수님 리포트를 쓰고 있습니다.

태민 : 리포트는 컴퓨터로 씁니까?

미우 : 아니요, 컴퓨터로 쓰지 않습니다.
볼펜으로 씁니다.

태민 : 제출일은 언제죠?

미우 : 내일이지만 오늘 냅니다.

태민 : 제출하기 전에 윤 교수님에게 연락 안 합니까?

미우 : 네, 괜찮습니다.

新出語彙

- **지금** いま
- **교수님** 教授
  ※韓国では大学の先生を正式肩書とは関係なく教授と呼びます。
- **리포트** レポート
- **쓰고 있습니다** 書いています【쓰다】
  씁니다 書きます / 쓰지 않아요 書きません
- **컴퓨터** コンピューター
  ※ここではパソコン。
- **로 / 으로** (手段) で
- **아니요** いいえ
- **볼펜** ボールペン
- **제출일** 提出日
- **언제** いつ
- **내일** 明日
- **오늘** 今日
- **냅니다** 出します（提出します）【내다】
- **제출하기 전에** 提出する前に【제출하다】
- **에게** (人) に
- **연락 안 합니까?** 連絡しませんか。【연락하다】
- **괜찮습니다** 大丈夫です【괜찮다】

練習問題 II

1 例を参考に一日の日課を韓国語で話してみましょう。
「아침, 점심, 저녁, 밤, 오전, 오후」の時間を表す名詞も使ってみましょう。

例）6：00	起きる（일어나다）
7：00	朝ご飯を食べる（아침을 먹다）
7：40	学校（会社）に行く（학교（회사）에 가다）
9：00 ～17：00	授業を受ける（수업을 듣다）/ 働く（일하다）
12：00～13：00	昼休み（점심시간）
17：00～19：00	買い物する（쇼핑하다）/ アルバイトをする（아르바이트를 하다）
19：30	晩ご飯を食べる（저녁을 먹다）
20：30	本を読む（책을 읽다）/ テレビを見る(텔레비전을 보다)
22：00	お風呂に入る（목욕을 하다）/ シャワーを浴びる（샤워를 하다）
23：00	寝る（자다）

※ 세수하다（顔を洗う）, 이를 닦다（歯を磨く）, 화장을 하다（化粧をする）, 옷을 갈아입다（服を着替える）

2 次を韓国語で質問し、上記 **1** を参考に韓国語で答えてみましょう。

(1) 何時（몇 시）に起きますか。
(2) 朝ご飯を食べる前に、何をしますか。
(3) 毎日（매일）朝ご飯を食べますか。
(4) 昼ご飯（점심）はどこで食べますか。（식당, 교실）
(5) アルバイトは何時から何時までしますか。

3 次の状況にふさわしい質問を韓国語でしてみましょう。
さらに（　）の中を使って答えてみましょう。

(1) 今何をしているのかを尋ねる時
　— 友達を待っています。（친구, 기다리다）※ -고 있다
(2) 韓国語の勉強（공부）はどうなのかを尋ねる時
　— 難しいけど面白いです。（어렵다, 재미있다）※ -지만
(3) 今日は月曜日ですよね（※ -죠?/이죠?）と尋ねる時
　— いいえ、火曜日です。
(4) 家から学校までどのぐらい（얼마나）かかるかを尋ねる時
　（지하철/버스/자전거, –로/–으로, –시간, –분, 걸리다）
(5) ここから空港（공항）までどうやって（어떻게）行くかを尋ねる時
　（지하철/택시, –로/–으로, 가다）

第10課 夏休みに済州島に行きたいです。

1 用言 ~て / 体言 ~で
2 ~たいです
3 ~(つもり)です
4 ~ですね、~ますね

文法

1 用言 ~て / 体言 ~で

用言　語幹 + 고

例) 보다(見る) / 하다(する) → 영화(映画)를 보고 식사(食事)를 합니다.
빠르다(速い) / 편리하다(便利だ) → 신칸센은 빠르고 편리합니다.

体言　パッチム無体言 + 고　　パッチム有体言 + 이고

例) 의사(医者) / 변호사(弁護士) → 누나는 의사고 형은 변호사입니다.
부산(プサン) / 서울(ソウル) → 고향은 부산이고 학교는 서울입니다.

2 ~たいです

語幹 + 고 싶다 / 語幹 + 고 싶 + 습니다

例) 듣다(聞く) → 듣고 싶습니다.　놀다(遊ぶ) → 놀고 싶습니다.

★「~が~たい」は「~을/를 ~고 싶다」なので注意。また「~たがる」は「~고 싶어하다」。

3 ~(つもり)です

語幹 + 겠 + 습니다　話者や主体の意思を表す語尾です。

例) 보다(見る) → 영화를 보겠습니다.　놀다(遊ぶ) → 공원에서 놀겠습니다.

★「겠」は推測の働きと「알겠습니다」「모르겠습니다」のような慣用的な使い方もあります。

4 ~ですね、~ますね

語幹 + 네요　自分の考えや感想を述べたり聞き手の同意を求める文末語尾です。

例) 크다(大きい) → 신발(靴) 크네요.　맛있다(美味しい) → 김치가 맛있네요.
멀다(遠い) → 학교가 머네요.

1 例を参考に二つの文章を「~고」または「~고/이고」を使ってつないでみましょう。

例) 키가 크다 / 예쁘다 (きれいだ/可愛い)

→ 키가 크고 예쁩니다.

(1) 싸다 (安い) / 맛있다 (美味しい)

→ ________

(2) 춤도 잘 추다 (踊りも上手い) / 노래도 잘 하다 (歌が上手い)

→ ________

(3) 재미있다 (おもしろい) / 도움이 되다 (役に立つ)

→ ________

(4) 아버지는 회사원 / 어머니는 주부 (主婦)

→ ________

(5) 직업은 교사 / 취미는 등산 (山登り)

→ ________

2 例を参考に韓国語の文章を作ってみましょう。

例) 바다 (海) / 보다

→ 바다를 보고 싶습니다.

(1) 외국 (外国) / 여행하다 (旅行する)

→ ________

(2) 운전학원 (自動車学校) / 다니다 (通う)

→ ________

(3) 아르바이트 (アルバイト) / 많이 (たくさん) / 하다

→ ________

(4) 동아리 (部活) / 춤 (ダンス) / 연습하다 (練習する)

→ ________

(5) 미국 (アメリカ) / 영어 (英語) / 배우다 (習う)

→ ________

練習問題 I

3 例を参考に「~겠습니다」を含む文章を作ってみましょう。

例) デパートで服を買うつもりです。 → 백화점에서 옷을 사겠습니다.

(1) ご飯をたくさん食べるつもりです。 → ______

(2) 勉強を一生懸命するつもりです。 → ______

(3) 手紙を必ず送るつもりです。 → ______

(4) 図書館で本を読むつもりです。 → ______

4 例を参考に文末が「~네요」になる文章を作ってみましょう。

例) KTX / 빠르다 (速い) → KTX는 빠르네요.

(1) 벚꽃 (桜の花) / 아름답다 (美しい)

→ ______

(2) 이 가방 (カバン) / 무겁다

→ ______

(3) 머리 (頭) / 조금 (少し) 아프다

→ ______

(4) 술 (お酒) / 잘 (よく) 마시다

→ ______

(5) 저 선수 / 빨리 (速く) 달리다 (走る)

→ ______

62

12. 建物・場所

호텔	공항	대사관	우체국	미술관	영화관
백화점	여객 터미널	시청	병원	박물관	극장
면세점	지하철 역	경찰서	약국	방송국	노래방
환전소	버스 정류장	은행	회사	마트	PC방

13. 韓（朝鮮）半島地図

조선민주주의 인민 공화국

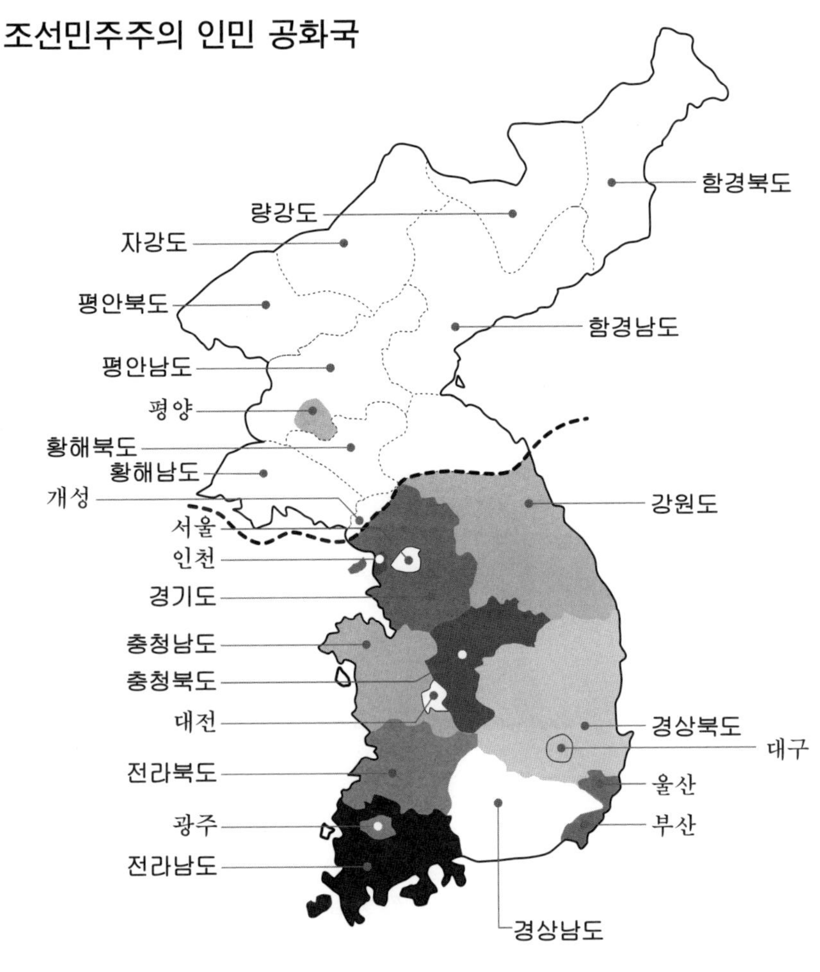

대한민국

63

제 10 과　여름 방학에 제주도에 가고 싶습니다.

태민 : 여름 방학에 뭐 하고 싶습니까?

미우 : 제주도 여행을 가고 싶습니다.

맛있는 음식을 먹고 사진도 많이 찍고 싶습니다.

태민 : 제주도는 산이 아름답고 바다도 깨끗합니다.

나도 같이 가고 싶네요.

미우 : 제주도 여행은 친구와 같이 갑니다.

태민 : 미우 씨, 혹시 남자친구 있어요?

미우 : 비밀이에요.

新出語彙

- **여름 방학** 夏休み
- **뭐** なに
- **하고 싶습니까?** したいですか【하다】
- **제주도** 済州島
  ※行政区域としては「済州道」と書きます。
- **여행** 旅行
- **가고 싶습니다** 行きたいです【가다】
  ★「旅行に行く」は「여행을 가다」です。助詞のずれがあるので注意しましょう。
- **맛있는 음식** 美味しい料理【맛있다】
  ※18課「連体形」を参照。
- **먹고** 食べて【먹다】
- **산** 山
- **아름답고** 美しくて【아름답다】
- **바다** 海
- **깨끗합니다** きれいです【깨끗하다】
- **같이** 一緒に
- **네요** 〜ですね、〜ますね
- **친구** 友達
- **와 / 과** と
- **혹시** もし
- **남자친구** ボーイフレンド、彼氏
  ※ガールフレンド、彼女は「여자친구」です。
- **비밀** 秘密

1 次を韓国語で言ってみましょう。

뭐 하고 싶습니까?

저는 (1) 水が飲みたいです。
(2) 語学研修に行きたいです。
(3) ご飯が食べたいです。
(4) テニスがしたいです。
(5) 映画が見たいです。

뭐 하고 싶어합니까?

여동생은 (1) コーラを飲みたがっています。
(2) 旅行に行きたがっています。
(3) パンを食べたがっています。
(4) 水泳をしたがっています。
(5) ダンスをしたがっています。

2 次の質問に韓国語で答えてみましょう。

(1) 뭐로 하시겠습니까?
コーヒーを飲みます。 (커피, 마시다) ※-겠습니다

(2) 교실이 좀 춥습니까?
はい、肌寒いですね。(네, 쌀쌀하다 (肌寒い)) ※-네요

(3) 이 김치 맵지 않습니까?
辛いけど美味しいですね。(맵다, 맛있다) ※-지만, -네요

(4) 다음 (次) 은 누가 발표 (発表) 하겠습니까?
私が発表します (意志) 。(저, 발표하다) ※-겠습니다

(5) 학생식당 음식은 어떻습니까?
安くて美味しいです。(싸다, 맛있다) ※-고

3 次の文章を韓国語で言ってみましょう。

(1) どこに行きたいですか。
(2) 誰に会いたいですか。
(3) 美味しい料理を食べたいです。
(4) 家で休みたいです。
(5) 韓国の歌 (한국노래) を歌いたいです。

第11課 10月から語学研修を受けます。

1 ～です/ます、ですか/ますか？〈해요体〉

아 / 어形とは、用言の語幹に「아 / 어」を接続した形。
「살다」の아 / 어形 →「살아」
「먹다」の아 / 어形 →「먹어」
「가다」の아 / 어形 →「가」
「마시다」の아 / 어形→「마셔」

文法

1 です / ます、ですか / ますか？〈해요体〉

1 –1 です / ます

陽母音（ㅏ, ㅗ）語幹 ＋ 아요　　　陽母音以外の語幹＋ 어요

例）살다（住む）/ 살 + 아요 → 살아요　　먹다 / 먹 + 어요 → 먹어요

좋다（良い）/ 좋 + 아요 → 좋아요　　만들다（作る）/ 만들+ 어요→ 만들어요

하다 → 해요

例）공부（勉強）하다 → 공부 해요　　운동（運動）하다 → 운동 해요

★ 하다の아 / 어形は「하여」ですが、多くの場合縮約形の「해」を使います。

1 –2 ですか / ますか？

해요体は、語尾のイントネーションを上げると疑問文になります。

例）어디에 살아요?　　누구하고 놀아요?

해요体は、文脈やイントネーションによって、勧誘文や命令文にも変化します。

文体の種類		例文	
平叙	공부해요.	도서관에서 공부해요.	（図書館で勉強します。）
疑問	공부해요?	매일 공부해요?	（毎日勉強しますか？）
勧誘	공부해요.	같이 공부해요.	（一緒に勉強しましょう。）
命令	공부해요.	열심히 공부해요.	（一生懸命勉強しなさい。）

1 例を参考に次を活用してみましょう。

基本形	~ㅂ/습니다 ~です・ます	~아/어요 ~です・ます	~지 않아요, 안 ~아/어요 해요体の否定形
例) 먹다 (食べる)	먹습니다	먹어요	먹지 않아요 / 안 먹어요
(1) 찾다 (探す、引き出す)			
(2) 받다 (もらう)			
(3) 벗다 (脱ぐ)			
(4) 신다 (履く)			
(5) 찍다 (撮る)			
(6) 입다 (着る)			
(7) 읽다 (読む)			
(8) 쉬다 (休む)			
(9) 살다 (住む)			
(10) 걸다 (かける)			
(11) 열다 (開ける)			
(12) 많다 (多い)			
(13) 적다 (少ない)			
(14) 넓다 (広い)			
(15) 좁다 (狭い)			
(16) 같다 (同じだ)			
(17) 괜찮다 (大丈夫だ)			
(18) 편리하다 (便利だ)			
(19) 운동하다 (運動する)			
(20) 연락하다 (連絡する)			

練習問題 I

2 次の文章を해요体に直し、日本語訳をつけてみましょう。

(1) 은행에서 돈을 찾습니다.　→ 訳: ＿＿＿＿＿＿＿＿

(2) 이 집은 뭐가 맛있습니까?　→ 訳: ＿＿＿＿＿＿＿＿

(3) 저 사람 이름을 압니까?　→ 訳: ＿＿＿＿＿＿＿＿

(4) 생일선물은 가방을 받고 싶습니다.

→ 訳: ＿＿＿＿＿＿＿＿

(5) 김치를 좋아하지만 매일은 먹지 않습니다.

→ 訳: ＿＿＿＿＿＿＿＿

3 次の文章を韓国語に直してみましょう。(文末は해요体に)

(1) 家に入る(들어가다)前に履物(신발)を脱ぎます。

→ ＿＿＿＿＿＿＿＿

(2) 最近(요즘)、ジーパンだけ(청바지만)はきます。

→ ＿＿＿＿＿＿＿＿

(3) ほとんど(거의)毎日両親に電話をかけます。

→ ＿＿＿＿＿＿＿＿

(4) 学校食堂は安くて量(양)が多いです。

→ ＿＿＿＿＿＿＿＿

(5) 週末はアルバイトをしますが、平日(평일)はアルバイトをしません。

→ ＿＿＿＿＿＿＿＿

4 次の文章を否定文に直してみましょう。(文末は해요体に)

(1) 다나카 씨는 제 친구예요.　→ ＿＿＿＿＿＿＿＿

(2) 선생님은 일본사람이에요.　→ ＿＿＿＿＿＿＿＿

(3) 이건 마음에 들어요(마음에 들다:気に入る).　→ ＿＿＿＿＿＿＿＿

(4) 학교 앞에 편의점이 있어요.　→ ＿＿＿＿＿＿＿＿

(5) 이 드라마는 재미있어요.　→ ＿＿＿＿＿＿＿＿

14. 助詞一覧

	バッチム		
	無	有	
は	는	은	
が	가	이	
を	를	을	
と	와	과	
	無	有	ㄹ
（手段）で	로	으로	로
（方向）へ （資格）で	에	에	에
に	에		
で	에서		
から	（時間）부터		
	（場所）에서		
まで	까지		
も	도		
より	보다		
（人）に	에게		

日本語の助詞と使い方が異なる表現

~が好きだ：－를/을 좋아하다
고기를 좋아해요.
생선을 좋아해요.

~が嫌いだ：－를/을 싫어하다
공부를 싫어해요.
운동을 싫어해요.

~が上手だ：－를/을 잘하다
요리를 잘해요.
운전을 잘해요.

~が下手だ·できない：－를/을 못하다
영어를 못해요.
수학을 못해요.

~が~たい：－를/을 語幹+고 싶다
커피를 마시고 싶어요.
물을 마시고 싶어요.

~に会う：－를/을 만나다
친구를 만나고 싶어요.
아이돌을 만나고 싶어요.

~に乗る：－를/을 타다
자전거를 타요.
지하철을 타요.

~になる：－가/이 되다
의사가 돼요.
회사원이 돼요.

名詞に行く：－를/을 가다
特に、어학연수, 여행, 등산, 소풍, 캠핑, 출장のような名詞
어학연수를 가고 싶어요.
여행을 가고 싶어요.

会話

64

제11과 10월부터 어학연수 받아요.

미 우 : 태민 씨, 오빠하고 인사해요.

하루토 : 안녕하세요? 나카가와 하루토예요.

태 민 : 안녕하세요? 김태민입니다.
그런데 하루토 씨는 미우 씨 남자친구예요?

미 우 : 아니에요. 우리 오빠 친구예요.
10월부터 어학연수 받아요.

태 민 : 아, 네. 하루토 씨도 한국 아이돌에 관심 있어요?

하루토 : 네, 실력도 좋고 얼굴도 작고 다리도 길잖아요.

미 우 : 어휴, 남자들은….

新出語彙

- **인사해요** 挨拶してください【인사하다】
- **그런데** ところで
- **아니에요** 違います【아니다】
- **어학연수** 語学研修
- **받아요** 受けます【받다】
- **한국** 韓国
- **아이돌** アイドル
- **관심** 関心、興味
- **네** はい
- **실력** 実力
- **좋고** 良くて【좋다】
- **얼굴** 顔
- **작고** 小さくて【작다】
- **다리** 脚
- **길잖아요** 長いじゃないですか【길다】
  ※잖아요 ～じゃないですか。「～지 않＋아요」が短くなった形。
- **어휴** 〈感嘆詞〉
- **남자** 男子、おとこ
- **들** たち

練習問題 II

1 例を参考に誕生日の予定を話してみましょう。

例） 미역국을 먹다 (わかめスープを食べる)　　케이크를 먹다 (ケーキを食べる)
생일파티를 하다 (誕生日パーティーをする)　　선물을 받다 (プレゼントをもらう)
친구들하고 놀다 (友達と遊ぶ)　　드레스를 입다 (ドレスを着る)
노래방에 가다 (カラオケに行く)

A: ＿＿＿＿＿씨, 생일에 뭐 해요?
B: 저는 ＿＿＿＿＿요. 그리고 ＿＿＿＿＿요.
＿＿＿＿＿씨는요? (～さんは?)
A: 저는 ＿＿＿＿＿고 ＿＿＿＿＿요. 그리고 ＿＿＿＿＿요.

2 例を参考に話してみましょう。

例） 운동 / 야구
私は ①スポーツが好きです。　→　저는 운동을 좋아해요.
どんな(어떤) ①スポーツが好きですか。　→　어떤 운동을 좋아해요?
②野球が好きです。　→　야구를 좋아해요.

(1) 음악/클래식음악　　(2) 영화/코미디영화
(3) 책/소설　　(4) 한국 요리/비빔밥

3 次の文章を韓国語で言ってみましょう。

(1) どこに住んでいますか (살다)。
(2) 毎日はアルバイトをしません。
(3) 普通土曜日は学校に行きません。※-지 않다
(4) なかなか (꽤) 美味しいじゃないんですか。※-잖아요

4 学校生活について、話してみましょう。

第12課 飲み会しましょう。

1 해요体の縮約
2 指定詞の해요体

文法

1 해요体の縮約

語幹にパッチムのない用言を「해요体」にする場合、活用の過程で母音が様々に縮約されます。

● 縮約のパターン

語幹末の母音	아요/어요	縮約形	例
① ㅏ +	아요	→ ㅏ요	가 + 아요 → 가요（行きます）
② ㅓ +	어요	→ ㅓ요	서 + 어요 → 서요（立ちます）
③ ㅗ +	아요	→ ㅘ요	오 + 아요 → 와요（来ます）
④ ㅜ +	어요	→ ㅝ요	배우 + 어요 → 배워요（習います）
⑤ ㅣ +	어요	→ ㅕ요	마시 + 어요 → 마셔요（飲みます）
⑥ ㅚ +	어요	→ ㅙ요	되 + 어요 → 돼요（なります）
⑦ ㅕ +	어요	→ ㅕ요	켜 + 어요 → 켜요（点けます）
⑧ ㅐ +	어요	→ ㅐ요	내 + 어요 → 내요（出します）
⑨ ㅔ +	어요	→ ㅔ요	세 + 어요 → 세요（数えます）

2 指定詞（이다、아니다）の해요体

パッチム無体言 + 요	パッチム有体言 + 이요
例）빵（パン）→ 빵 한 개요.	커피（コーヒー）→ 커피 두 잔이요.

1 例を参考に次を活用してみましょう。

基本形	~ㅂ/습니다 ~です・ます	~아/어요 ~です・ます	~지 않아요 , 안 ~아/어요 해요体の否定形
例) 사다 (買う)	삽니다	사요	사지 않아요 / 안 사요
(1) 일어나다 (起きる)			
(2) 만나다 (会う)			
(3) 자다 (寝る)			
(4) 타다 (乗る)			
(5) 건너다 (渡る)			
(6) 보내다 (送る)			
(7) 지내다 (過ごす)			
(8) 세다 (数える)			
(9) 켜다 (点ける)			
(10) 나오다 (出てくる)			
(11) 보다 (見る)			
(12) 깨우다 (起こす)			
(13) 바꾸다 (換える、変える)			
(14) 싸우다 (喧嘩する、争う)			
(15) 걸리다 (かかる)			
(16) 다니다 (通う)			
(17) 보이다 (見える、見せる)			
(18) 빌리다 (借りる)			
(19) 어울리다 (似合う)			
(20) 시작되다 (始まる)			

練習問題 I

2 日本語を参考に합니다体で質問文と해요体の応答文を作ってみましょう。

(1) どこで本を借りますか。(図書館)

→ ______________________

→ ______________________

(2) 週末は何をしますか。(友達、会う)

→ ______________________

→ ______________________

(3) 映画は何時に始まりますか。(午後2時)

→ ______________________

→ ______________________

(4) 大使館 (대사관) までタクシー代 (택시요금) はいくらですか。(1万5千ウォン)

→ ______________________

→ ______________________

3 次を並べ替えて文章を作り、日本語訳をつけてみましょう。

(1) 에서, 을, 먹어요, 교실, 도시락

→ ______________________

→ ______________________

(2) 을, 엔, 으로, 바꿔요, 원

→ ______________________

→ ______________________

(3) 여동생, 에, 고등학교, 다녀요, 은

→ ______________________

→ ______________________

(4) 는, 지하철, 학교, 저, 와요, 에, 타고, 을

→ ______________________

→ ______________________

15. 職業

65

회사원	공무원	전업주부	고등학생	군인	경찰관	가수
배우	탤런트	개그맨	연예인	의사	요리사	변호사
간호사	약사	비서	스포츠 선수	프로게이머	교사	교수

16. からだ

66

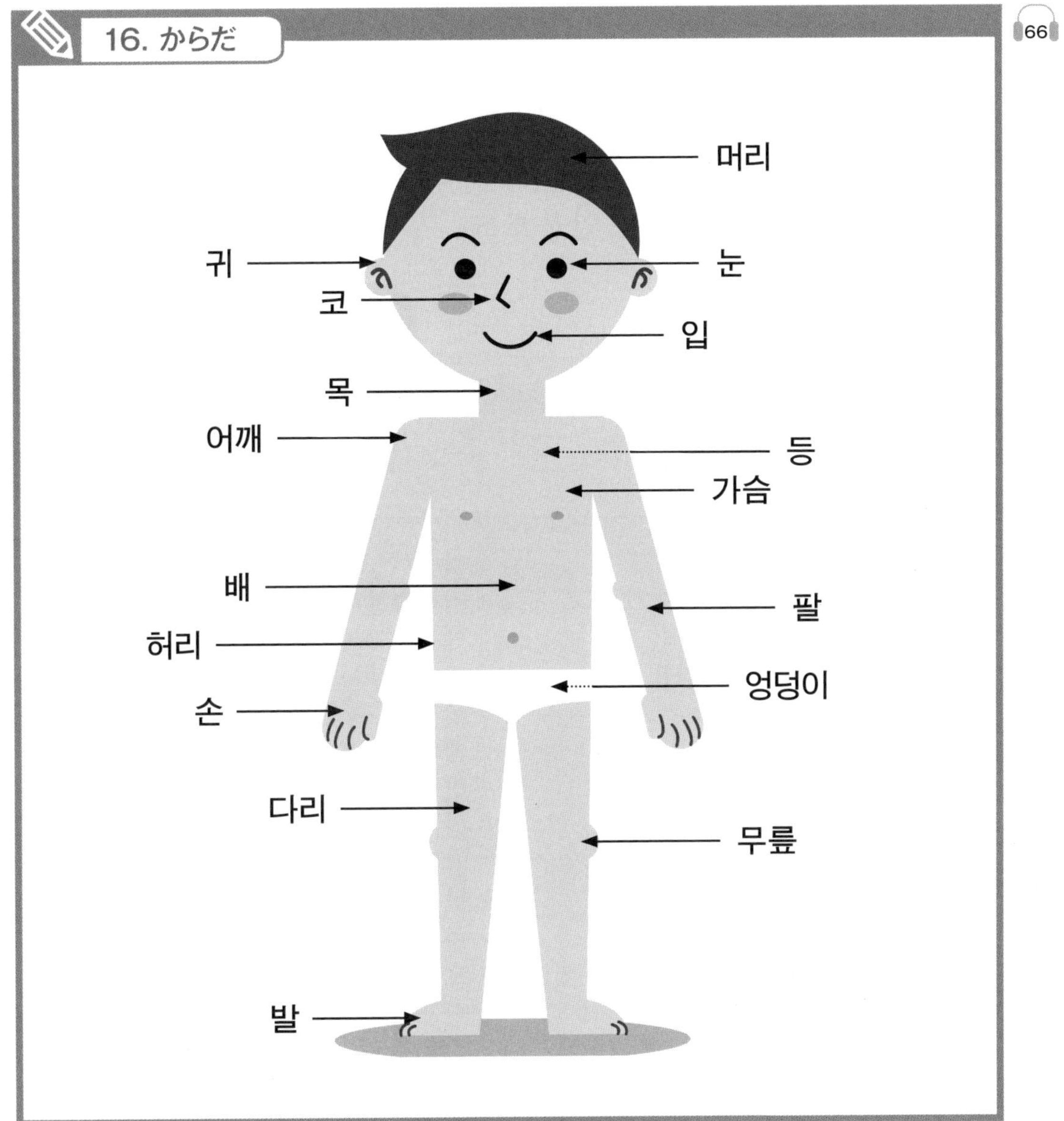

会話

67

제 12 과　단합대회 해요!

태　민　: 하루토 씨, 술 좋아해요?

하루토　: 그럼요. 오늘은 맥주가 당겨요.

미　우　: 그럼 오늘 우리 세 명 치맥으로 단합대회 해요.

태　민　: 그래요. 7시에 학교 앞 지하철역에서 만나요.

< 술집에서 >

하루토　: 생맥주 세 잔하고요.

미　우　: 양념하고 프라이드 반반 주세요.

태　민　: 모듬 부침개 이 인분도요.

新出語彙

- **술** お酒
- **좋아해요** 好きですか【좋아하다】
- **그럼요** もちろんです、その通りです
- **당겨요** そそられます【당기다】
- **그럼** では ※그러면の略。
- **명** 名（人数を数える単位）
- **치맥** チキン（치킨）とビール（맥주）の略
- **단합대회** [団結大会] 親睦を深めるための食事会、飲み会、コンパ
- **해요** しましょう【하다】
- **그래요** そうしましょう
- **시** 時
- **학교** 学校
- **앞** 前
- **지하철역** 地下鉄の駅
- **에서** 〈助詞〉（場所）で
- **만나요** 会いましょう【만나다】
- **술집** 飲み屋
- **생맥주** 生ビール
- **잔** 杯
- **양념** ヤンニョム（チキン）、合わせ調味料
- **프라이드** フライド（チキン）
- **반반** 半々
- **주세요** ください【주다】
- **모듬 부침개** チヂミ盛り合わせ
- **인분** 人前（食べ物を注文したり料理するときの単位）

1 週末の予定について話してみましょう。(二つ以上の事柄をつなげること)

주말에 뭐 해요?

例) 쇼핑을 하다 / 청소를 하다 / 친구를 만나다 / 영화를 보다/
아르바이트를 하다 / 집에서 쉬다 / 공부를 하다 / 운동을 하다

2 次の会話を韓国語で言ってみましょう。

テミン: ミウさん、何に(로/으로)しますか。※-겠어요
ミ ウ: 紅茶にします。テミンさんは?
テミン: コーヒーです。
すみません。紅茶とアメリカンコーヒーください。
定 員: はい、テイクアウト(테이크아웃)ですか。
ミ ウ: いいえ、ここで飲みます。
定 員: 8,500ウォンです。
お支払(결제)はクレジットカード(신용카드)ですか。
テミン: はい。

3 次の文章を韓国語で言ってみましょう。

(1) すみません。(店員を呼ぶ時など)
(2) これ、もっと(더)ください。
(3) 何が食べたい(飲みたい)ですか。
(4) クレジットカード(신용카드)、使えますか。(되다)
(5) トッポッキ持ち帰りできますか。(떡볶이, 포장, 되다)

第13課 一緒に行ったんですか。

1 過去形
2 ～てみる

文法

1 過去形

1. 用言の過去形

아/어形	
ㅆ	＋ 다

아/어形	
ㅆ	＋ 어요

아/어形	
ㅆ	＋ 습니다

語幹末の母音		아/어		아/어形	例
받	＋	아	→	받아	받아 ＋ ㅆ어요 → 받았어요 (もらいました)
좋	＋	아	→	좋아	좋아 ＋ ㅆ어요 → 좋았어요 (良かったです)
먹	＋	어	→	먹어	먹어 ＋ ㅆ어요 → 먹었어요 (食べました)
쉬	＋	어	→	쉬어	쉬어 ＋ ㅆ어요 → 쉬었어요 (休みました)

過去形をつくるときも、縮約のパターンに気をつけましょう。

語幹末の母音		아/어		아/어形	例
① ㅏ	＋	아	→	ㅏ	가 ＋ ㅆ어요 → 갔어요 (行きました)
② ㅓ	＋	어	→	ㅓ	서 ＋ ㅆ어요 → 섰어요 (立ちました)
③ ㅗ	＋	아	→	ㅘ	와 ＋ ㅆ어요 → 왔어요 (来ました)
④ ㅜ	＋	어	→	ㅝ	배워 ＋ ㅆ어요 → 배웠어요 (習いました)
⑤ ㅣ	＋	어	→	ㅕ	마셔 ＋ ㅆ어요 → 마셨어요 (飲みました)
⑥ ㅚ	＋	어	→	ㅙ	돼 ＋ ㅆ어요 → 됐어요 (なりました)
⑦ ㅕ	＋	어	→	ㅕ	켜 ＋ ㅆ어요 → 켰어요 (点けました)
⑧ ㅐ	＋	어	→	ㅐ	내 ＋ ㅆ어요 → 냈어요 (出しました)
⑨ ㅔ	＋	어	→	ㅔ	세 ＋ ㅆ어요 → 셌어요 (数えました)

2. 指定詞 (이다, 아니다) の過去形

パッチム無名詞体言 ＋ 였어요.　　パッチム無名詞体言 ＋ 였습니다.

パッチム有名詞体言 ＋ 이었어요.　　パッチム有名詞体言 ＋ 이었습니다.

例）전업주부（専業主婦）였어요.　　전업주부였습니다.

고등학생（高校生）이었어요.　　고등학생이었습니다.

2 ～てみる

아/어形 ＋ 보다

아/어形 ＋ **봐요 / 보세요**（～てみてください）

＋ **봤어요**（～てみました）

＋ **보고 싶어요**（～てみたいです）

★丁寧な命令として使う場合は「아 / 어 보세요」の形をよく使います。

例）가다 → 가 보다 → 가 봐요 / 가세요

→ 가 봤어요

→ 가 보고 싶어요

먹다 → 먹어 보다 → 먹어 봐요 / 보세요

→ 먹어 봤어요

→ 먹어 보고 싶어요

練習問題 I

1 例を参考に次を活用してみましょう。

1. 基本形	－아／어形＋ㅆ어요 ～ました	－아／어形＋봐요／보세요 ～てみてください
例) 가다 (行く)	갔어요	가 봐요 / 보세요
(1) 걸다 (かける)		
(2) 먹다 (食べる)		
(3) 신다 (履く)		
(4) 읽다 (読む)		
(5) 입다 (着る)		
(6) 웃다 (笑う)		
(7) 마시다 (飲む)		
(8) 켜다 (点ける)		
(9) 세다 (数える)		
(10) 만나다 (会う)		
(11) 나오다 (出てくる)		
(12) 바꾸다 (換える・変える)		
(13) 보내다 (送る)		
(14) 되다 (なる)		
(15) 운동하다 (運動する)		

2. 体言	～예요／～이에요 ～です	～였어요／～이었어요 ～でした
例) 어머니	어머니예요	어머니였어요
(1) 선생님 (先生)		
(2) 가수 (歌手)		
(3) 고등학생 (高校生)		
(4) 간호사 (看護師)		
(5) 경찰관 (警察官)		

2 日本語を参考に（　）の単語を使って韓国語の文章を作ってみましょう。（文末は해요体に）

(1) これどうやって知りましたか。(알다, 이거, 어떻게)

→ ______________________________

私もこの会社の職員でした。(도, 이, 회사, 직원, 저, 이다)

→ ______________________________

(2) あの二人は仲が良いですね。(가, 저, 사이, 은, 두 사람, 좋다 ※-네요)

→ ______________________________

韓国に来る前から友達でした。(부터, 친구, 한국, 에, 오다, 이다 ※-기 전에)

→ ______________________________

(3) この仕事はいつから始めましたか。(은, 부터, 이, 언제, 시작하다, 일)

→ ______________________________

今年からです。去年までは主婦でした。(까지, 부터, 는, 주부, 작년, 올해, 이다×2 ※-요)

→ ______________________________

3 例を参考に韓国語の文章を作ってみましょう。（文末は해요体に）

例) 김치 / 먹다 (※～てみてください) → 김치를 먹어 봐요.

→ 김치를 먹어보세요.

(1) 태권도 / 배우다 (※～てみてください) → ______________________________

→ ______________________________

(2) 김밥 / 만들다 (※～てみました) → ______________________________

(3) 이 책 / 읽다 (※～てみましたか) → ______________________________

(4) 한복 / 입다 (※～てみたいです) → ______________________________

(5) 연예인 / 만나다 (※～てみたいですか) → ______________________________

69

제 13 과 같이 갔어요?

< 태민과 하루토 둘만 학생홀에서 >

태 민 : 한국은 어디를 가 봤어요?

하루토 : 제주도가 정말 좋았어요.

태 민 : 역시 하루토 씨와 같이 갔어요?

하루토 : 미우가 이야기했어요?

태 민 : 아니요, 비밀이라고 했어요.

< 미우가 와서 >

미 우 : 둘이서 무슨 이야기 하고 있어요?

태 민 : 비밀입니다.

新出語彙

- 학생홀 学生ホール
- 어디 どこ
- 가 봤어요? 行ってみましたか(行きましたか)【가다】
  갔어요? 行きましたか
- 정말 本当に
- 좋았어요 良かったです【좋다】
- 역시 やはり
- 이야기했어요? 話しましたか【이야기하다】
  이야기하고 있어요? 話していますか
- ～(이)라고 했어요. ～といいました。【라고 하다】
- 둘이서 二人で
  ★「一人で」は혼자서、「三人で」は셋이서、「四人で」は넷이서です。
- 무슨 何の

1 夏休みについて話してみましょう。

テミン：　①夏休みは元気に過ごしましたか。
ミ　ウ：　はい、元気に過ごしました。テミンさんは？
テミン：　私もです。ミウさんは、①夏休みに何をしましたか。
ミ　ウ：　②韓国に行きました。
　　　　　テミンさんは②韓国に行ってみましたか。
テミン：　いいえ、まだです。何日間（동안）（行っていたの）でしたか。
ミ　ウ：　③3週間でした。本当に良かったです。
テミン：　誰と行きましたか。
ミ　ウ：　④一人で行きました。
テミン：　そこで何をしましたか。
ミ　ウ：　⑤韓国語を勉強しました。そして韓国文化(문화)も体験(체험)しました。
テミン：　私もぜひ一度行ってみたいです。

(1) 連休(연휴)/自動車学校の合宿(운전학원 합숙)/7日/妹と二人で/
教習を受ける(교습을 받다)、皆と友達になる
(2) 冬休み(겨울방학)/北海道/4泊5日/卒業旅行で(졸업여행으로)友達と/
雪祭りを見物する(구경하다)、スキーも習う
(3) 自分の先週末(지난 주말)の出来事について

2 次の文章を韓国語で言ってみましょう。

(1)「팥빙수」は日本語で何といいますか。
(2) 陰暦（음력）8月15日をチュソク（秋夕：추석）といいます。
(3) あの人の名前は何といいましたか。
(4) 今何の話（이야기）をしていますか。
(5) 今日は何曜日ですか。※죠?/이죠?

3 学校に来る前までの出来事について話してみましょう。

第14課 一緒に行ってください。

1 用言 ~て / 体言 ~なので
2 으変則
3 ~てください

文法

1 用言 ~て / 体言 ~なので

用言　아/어形 + 서

1. 先行動作と後続動作を接続する

例）만들다 / 선물하다（プレゼントする）→ 케이크를 만들어서 선물했어요.

2. 原因と結果を接続する

例）늦잠을 자다（寝坊する）/ 지각하다（する）→ 늦잠을 자서 지각했어요.

体言　パッチム無体言 + 라서　　パッチム有体言 + 이라서

例）버스 / 늦다 → 버스라서 늦어요.
일요일 / 사람이 많다 → 일요일이라서 사람이 많아요.

★ 여서/이어서の形もあります。

2 으変則

語幹末が「ー」の母音で終わる用言の内、不規則な活用をする用言を으変則用言といいます。
① 語幹の後に、「아 / 어」で始まる語尾が結合すると、「ー」が脱落する。
② 「ー」の一つ前の音節の母音で、「ㅏ」をつけるか「ㅓ」をつけるか判断する。

	活用例
바쁘다（忙しい）	바쁘 + 아요 → 바ㅃ + ㅏ요 → 바빠요
기쁘다（嬉しい）	기쁘 + 어요 → 기ㅃ + ㅓ요 → 기뻐요

★ 語幹が一つの音節しかない場合は、「ㅓ요」をつけます。
例）크다 → 커요

3 ～てください

아/어形 ＋ ⬚ 주세요

例）가다 → 가 주세요　　　찍다（撮る）→ 찍어 주세요

★ 友達や同年代の人、年下の人に頼む「～てくれる」「～てもらう」は「아/어 주다」です。
「아/어 줘」「아/어 줄래?」などの形で使います。
例) 사전 빌려 줄래? （辞書貸してくれる?）
また、「아/어 주다」は「～てやる」「～てあげる」の意味でも使います。
例) 내가 해 줄게. （私がしてあげるね）
ちなみに、「～てあげる」の尊敬表現「～て差し上げる」は「아/어 드리다」です。
例) 무엇을 도와 드릴까요? (何かご用ですか / 何かお困りですか)

18. 服

70

정장
캐주얼
한복
교복
제복
사복
체육복

가디건
셔츠
스웨터
블라우스
후드티
스웨트 (맨투맨)
민소매
반팔
긴팔

블레이저
자켓
점퍼
코트
패딩

바지
청바지
면바지
반바지
치마
원피스
주름치마

練習問題 I

1 日本語を参考に二つの文章を一つにつないでみましょう。(文末は해요体に)

① ～て

(1) 친구를 만나다 / 영화를 보다　　友達に会って映画を見ます。

→ ______________________________

(2) 여행을 가다 / 사진을 찍다　　旅行に行って写真を撮りました。

→ ______________________________

(3) 학교에 오다 / 공부하다　　学校に来て勉強しました。

→ ______________________________

② ～から / ので

(1) 집이 회사에서 멀다 / 불편하다　　家が会社から遠いので不便です。

→ ______________________________

(2) 가방이 비싸다 / 안 사다　　カバンが高いから買いません。

→ ______________________________

(3) 감기에 걸리다 / 병원에 가다　　風邪を引いたので病院に行きました。

→ ______________________________

(4) 많이 먹다 / 배탈이 나다　　食べ過ぎたのでお腹を壊しました。

→ ______________________________

③ ～なので

(1) 오늘은 토요일 / 늦잠을 자다　　今日は土曜日なので朝寝坊をしました。

→ ______________________________

(2) 내일부터 방학 / 학교에 안 가다　　明日から休みなので学校に行きません。

→ ______________________________

(3) 연휴 / 아르바이트 시간이 많다　　連休なのでバイトの時間が多いです。

→ ______________________________

(4) 출퇴근시간 / 길이 많이 막히다　　ラッシュアワーなので道がすごく混みます。

→ ______________________________

2 例を参考に次を活用してみましょう。

基本形	～です	～かったです	～（く）て
例) 바쁘다 (忙しい)	바빠요	바빴어요	바빠서
(1) 아프다 (痛い)			
(2) 기쁘다 (嬉しい)			
(3) 슬프다 (悲しい)			
(4) 예쁘다 (可愛い)			
(5) 배고프다 (空腹だ)			
(6) 쓰다 (書く、使う)			
(7) 크다 (大きい)			
(8) 끄다 (消す)			

3 次の文章を韓国語に直してみましょう。

(1) 空港まで行ってください。

→ ____________________

(2) エアコンを消してください。

→ ____________________

(3) 銀行の前で止めて(세우다)ください。

→ ____________________

(4) ここに名前と住所を書いてください。

→ ____________________

71

제 14 과　같이 가 주세요.

미우 : 태민 씨 바빠요?

태민 : 왜요? 무슨 일 있어요?

미우 : 백화점에 같이 가서 선물 좀 봐 주세요.

태민 : 왜요? 누구 생일이에요?

미우 : 네, 하루토 오빠 생일이에요.
태민 씨는 같은 남자잖아요.

新出語彙

- **바빠요?** 忙しいですか【바쁘다】
- **왜** なぜ
- **일** こと、仕事
- **백화점** 百貨店、デパート
- **선물** 贈り物、プレゼント
- **좀** ちょっと
- **봐 주세요** 見てください【보다】
- **누구** 誰
- **생일** [生日]　誕生日
- **같은** 同じ
- **남자** 男の人、男子

1 ＿＿の部分に注意して韓国語で言ってみましょう。

(1) 朝起きて一番 (제일) 最初に (먼저) 何をしますか。

(2) 普通 (보통) 図書館 (도서관) に行って勉強します。

(3) 週末は友達に会って映画を見ます。

(4) ここに座って (앉다) 待って (기다리다)ください。

2 次の質問に (　) の中の単語を使って韓国語で答えましょう。

(1) 지난 주에 왜 학교에 안 왔어요?(감기, 걸리다)

(2) 왜 점심을 안 먹었어요?(바쁘다)

(3) 왜 그렇게 술을 많이 마셨어요?(여자친구, 헤어지다)

(4) 왜 벌써 가요?(오늘, 약속, 있다)

3 次の会話を韓国語で言ってみましょう。

(1) A: このキムチ、辛くなくておいしいです。どこで売っていますか。
B: 母が漬けて(담그다)くださいました(주시다)。

(2) A: この仕事を誰がしましたか。
B: ミウさんが資料(자료)を整理(정리)してくれました。
それで私がミウさんにコーヒーを買ってあげました(주다)。

4 次を韓国語で言ってみましょう。

(1) あそこの地下鉄の駅の前で止めてください。

(2) ○○ホテルまで行ってください。

(3) この小包(소포)を日本へ送ってください。

(4) 日本人なので道(길)がよく分かりません(모르다)。

第15課 待ってもいいです。

1 ~てもよい
2 ~なければならない
3 不可能
4 르変則

文法

1 ~てもよい

아/어形 + 도 되다

平叙文	아/어形 + 도 됩니다.	아/어形 + 도 돼요.
疑問文	아/어形 + 도 됩니까?	아/어形 + 도 돼요?

例) 창문（窓）/ 열다（開ける）
→ 창문을 열어도 됩니다.
　창문을 열어도 됩니까?

소파（ソファ）/ 앉다（座る）
→ 소파에 앉아도 돼요.
　소파에 앉아도 돼요?

집（家）/ 가다（帰る）
→ 집에 가도 됩니다.
　집에 가도 됩니까?

고양이 / 만져 보다（触ってみる）
→ 고양이를 만져 봐도 돼요.
　고양이를 만져 봐도 돼요?

2 ~なければならない

아/어形 + 야 하다/야 되다

平叙文	아/어形 + 야 합니다.	아/어形 + 야 해요.
疑問文	아/어形 + 야 합니까?	아/어形 + 야 해요?

例) 청소하다（掃除する）
→ 청소해야 합니다.
　청소해야 합니까?

빨래하다（洗濯する）
→ 빨래해야 해요.
　빨래해야 해요?

약（薬）/ 먹다（（薬を）飲む）
→ 약을 먹어야 됩니다.
　약을 먹어야 됩니까?

이름（名前）/ 쓰다（書く）
→ 이름을 써야 돼요.
　이름을 써야 돼요?

3 不可能

1. 못

못 ⬚ 述語

例） 컴퓨터 / 쓰다
→ 컴퓨터를 못 씁니다.
컴퓨터를 못 씁니까?

약속（約束）/ 지키다（守る）
→ 약속을 못 지켜요.
약속을 못 지켜요?

※하다動詞に「못」をつけるときは、名詞と「하다」の間に「못」を挟み込みます。

例） 운전하다（運転する） → 운전 못 합니다. / 운전 못 해요?

2. 지 못하다

아/어形 ＋ 지 못하다

平叙文	語幹 ＋ 지 못합니다.	語幹 ＋ 지 못해요.
疑問文	語幹 ＋ 지 못합니까?	語幹 ＋ 지 못해요?

例） 아침（朝）/ 일어나다
→ 아침에 일어나지 못합니다.
아침에 일어나지 못해요?

기침（咳）/ 참다（我慢する）
→ 기침을 참지 못합니다.
기침을 참지 못해요?

4 르変則

語幹末が「르」の母音で終わる用言の内、不規則な活用をする用言を르変則用言といいます。

① 語幹の後に、「아 / 어」で始まる語尾が結合すると、「ー」が脱落する。
② 「르」の一つ前の音節にㄹパッチムが加わる。
③ 「르」の前の音節の母音によって、「ㅏ」か「ㅓ」をつける。

모르다（わからない）	모르 → 모ㄹ → 모ㄹㄹ ＋ ㅏ ＋ 요 → 몰라요
부르다（呼ぶ・歌う）	부르 → 부ㄹ → 부ㄹㄹ ＋ ㅓ ＋ 요 → 불러요
빠르다（速い）	빠르 → 빠ㄹ → 빠ㄹㄹ ＋ ㅏ ＋ 요 → 빨라요

★語幹末が「르」で終わっても따르다のように「으」変則するものもあるので注意しましょう。

練習問題 I

1 日本語を参考に次の文章を作ってみましょう。（文末は해요体に）

(1) ここに座ってもいいですか。

→ ______________________________

(2) ここでは写真を撮ってもいいです。

→ ______________________________

(3) 食べ物を持ち込んでもいいですか。(가지고 오다)

→ ______________________________

(4) この傘 (우산) を持って行ってもいいです。(가져가다)

→ ______________________________

(5) 今度の (이번) 課題は鉛筆 (연필) で書いてもいいです。

→ ______________________________

2 日本語を参考に次の文章を作ってみましょう。（文末は해요体に）

(1) 荷物 (짐) はここに置かなければなりません。

→ ______________________________

(2) 明日はスーツ (정장) を着なければなりませんか。

→ ______________________________

(3) 応募 (응모) はメールで送らなければなりません。

→ ______________________________

(4) 空港 (공항) に何時まで行かなければなりませんか。

→ ______________________________

(5) 返却日 (반납일) まで本を返却しなければなりません。(반납하다)

→ ______________________________

3 次の文章を不可能表現に直し、日本語訳をつけてみましょう。（文末は해요体に）

① 못

(1) 월요일은 바빠서 가요. →

(2) 아침을 먹었어요. →

(3) 밤이라서 전화했어요. →

② 지 못하다

(1) 한국어를 잘 해요. →

(2) 술을 마셔요. →

(3) 답장을 보냈어요. →

4 例を参考に次を活用してみましょう。

	語幹＋지만 ～けれど	～아／어形＋도 ～ても	～아／어形＋ㅆ어요 ～でした・ました
例）바르다（塗る、正しい）	바르지만	발라도	발랐어요
(1) 모르다（知らない）			
(2) 고르다（選ぶ）			
(3) 오르다（のぼる）			
(4) 다르다（異なる）			
(5) 누르다（押す）			
(6) 흐르다（流れる）			
(7) 기르다（育てる）			
(8) 빠르다（速い）			
(9) 마르다（乾く）			
(10) 따르다（従う）			

72

제 15 과　기다려도 돼요.

태민 : 윤 교수님 연구실에 가야 해서
백화점에 같이 못 가요.

미우 : 기다려도 돼요. 같이 가 주세요.

태민 : 도서관에 가서 책도 빌려야 돼요.

미우 : 오래 걸려요?

태민 : 나도 몰라요. 많이 늦어요.
그러니까 혼자 가요.

미우 : 태민 씨, 나한테 화났어요?
요즘 왜 그래요?

新出語彙

- **연구실** 研究室
- **가야 해서** 行かなければならなくて【가다】
  못 가요 行けません / 가서 行って
- **기다려도 돼요** 待ってもいいです【기다리다】
- **도서관**【図書館】
- **책** 本
- **빌려야 돼요** 借りなければなりません【빌리다】
- **오래** 長く
- **걸려요?** かかりますか【걸리다】
- **몰라요** 知りません【모르다】
- **늦어요** 遅いです（遅くなります）【늦다】
- **그러니까** それなので、だから
- **혼자** 一人
- **한테**〈助詞〉（人）に
- **화났어요?** 怒ってますか【㊗慣화가 나다】
- **요즘** 最近
- **그래요?** そうですか【그렇다】

1 次の会話を韓国語で言ってみましょう。

(1) お客様：　このズボン、はいてみてもいいですか。
店　員：　はい、試着室（피팅룸）はこちらです。いかがですか（어떠세요?）。
お客様：　少し大きいです。あれも見せてください。

(2) テミン：　ミウさん、サークルの集まり（동아리모임）に行きますか。
ミ　ウ：　いいえ、用事（볼일）があって、行けません。
テミン：　そうですか。私は幹事（총무）なので、必ず行かなければいけません。

(3) ミ　ウ：　料理は上手ですか（잘하다）。
テミン：　いいえ、上手ではありません（잘 못하다）。ミウさんは？
ミ　ウ：　私もです。それで最近クッキングスクール（요리교실）に通っています。
〈カバンから何かを取り出す〉
これ、私が作りました。食べてみてください。どうですか（어때요?）。
テミン：　美味しいです。私の口（입）にちょうど（딱）合います（맞다）。

(4) ミ　ウ：　このプリンター動きませんね（움직이다）。
テミン：　そこのボタン（버튼）を押して（누르다）みてください。
ミ　ウ：　あ、動きました。教えてくれてありがとうございます。

2 次の文章を日本語に訳してみましょう。

(1) 무슨 일 있었어요?

(2) 그냥 먹어도 돼요?

(3) 아직 멀었어요?

(4) 왜요? / 왜 그래요?

(5) 늦어서 미안해요. / 늦어서 죄송합니다.

第16課 悩まないでください。

1 尊敬
2 ～ないでください、～するな
3 ㄷ変則

文法

1 尊敬

1. ～されます / されますか?

語幹 ＋ 시다 / 으시다		
パッチム無語幹＋십니다	パッチム有語幹＋으십니다	ㄹ語幹（ㄹ脱落）＋십니다
パッチム無語幹＋세요	パッチム有語幹＋으세요	ㄹ語幹（ㄹ脱落）＋세요

例） 아버지 / 일하다 → 아버지는 회사에서 일하십니다. / 일하세요.
교수님 / 읽다 → 교수님께서 책을 읽으십니다. / 읽으세요.
할아버지 / 살다 → 할아버지께서는 오사카에 사십니다. / 사세요.

2. ～でいらっしゃいます

体言 ＋ 시다 / 으시다	
パッチム無体言＋십니다	パッチム有体言＋이십니다
パッチム無体言＋세요	パッチム有体言＋이세요

例） 어머니 / 사장님（社長） → 어머니는 사장님이십니다. / 사장님이세요.
삼촌（叔父）/ 변호사（弁護士） → 삼촌은 변호사십니다. / 변호사세요.

3. ～されました/されましたか?

語幹 ＋ 셨다 / 으셨다		
パッチム無語幹＋셨습니다	パッチム有語幹＋으셨습니다	ㄹ語幹（ㄹ脱落）＋셨습니다
パッチム無語幹＋셨어요	パッチム有語幹＋으셨어요	ㄹ語幹（ㄹ脱落）＋셨어요

例） 선생님 / 가다 → 선생님께서는 집에 가셨습니다. / 가셨어요.
할머니 / 만들다 → 할머니께서 만드셨습니다. / 만드셨어요.
선물 / 받다 → 선물을 받으셨습니다. / 받으셨어요.

4. 特殊尊敬語

日本語でも、「見る」を「ご覧になる」、「着る」を「お召しになる」というように、韓国語にも一部の動詞には特定の敬語があります。

	먹다 (食べる) /마시다(飲む)		있다 (居る)	자다 (寝る)	말하다 (言う)
基本形	드시다	잡수시다	계시다	주무시다	말씀하시다
ます形	드십니다 드세요	잡수십니다 잡수세요	계십니다 계세요	주무십니다 주무세요	말씀하십니다 말씀하세요

이름 (名前)	나이 (年齢)	사람 (人)	생일 (誕生日)	집 (家)
성함	연세	분	생신	댁

는 / 은 (は)	께서는	가 / 이 (が)	께서	에게 / 한테 (に)	께

2 ～ないでください、～するな

語幹 ＋ **지 마세요**　　　　語幹 ＋ **지 마**

例） 걱정하다 (心配する) → 걱정 하지 마세요. / 걱정 하지 마.

졸다 (居眠りする) → 졸지 마세요. / 졸지 마.

3 ㄷ変則

語幹末がパッチム「ㄷ」で終わる用言の内、不規則な活用をする用言をㄷ変則用言といいます。「ㅇ」で始まる語尾が接続すると、語幹末パッチム「ㄷ」が「ㄹ」に変わります。

	ー아요/어요	ー으면	ー아서/어서
걷다 (歩く)	걸어요	걸으면	걸어서
듣다 (聞く)	들어요	들으면	들어서
믿다 (信じる)	믿어요	믿으면	믿어서

★「믿다」,「닫다」など、規則用言もあるので注意しましょう。

練習問題 I

1 次の文章を尊敬表現に直してみましょう。

①

(1) 아버지는 책을 읽습니다.

→ ______________________________

(2) 선생님은 서점 (本屋) 에 갑니다.

→ ______________________________

(3) 할머니는 한복 (韓服) 을 만들어요.

→ ______________________________

(4) 할아버지는 옛날이야기 (昔話) 를 많이 알아요.

→ ______________________________

②

(1) 어머니는 선생님이에요.

→ ______________________________

(2) 삼촌은 신문기자예요.

→ ______________________________

③

(1) 아버지는 서울에 갔어요.

→ ______________________________

(2) 어머니는 그 뉴스를 봤어요.

→ ______________________________

(3) 선생님이 옷을 걸었어요.

→ ______________________________

④ ※助詞も敬語を使うこと

(1) 많이 먹어요.

→ ______________________________

(2) 어머니는 마당 (庭) 에 있어요.

→ ______________________________

(3) 선생님이 말합니다

→ ______________________________

(4) 할아버지는 방에서 잡니다.

→ ______________________________

2 日本語を参考に次の文章を作ってみましょう。

(1) 走らないでください。(뛰다) → ______

(2) 全部食べないで下さい。 → ______

(3) 食べ物を持ち込まないで下さい。(가지고 오다) → ______

(4) 泣かないで。 → ______

(5) 行かないで。 → ______

(6) しないで。 → ______

3 例を参考に次を活用してみましょう。

	~ㅂ니다/습니다 ~です・ます	~아/어形+요 ~です・ます	~아/어形+서 ~て
例) 일컫다 (称する)	일컫습니다	일컬어요	일컬어서
(1) 듣다 (聞く)			
(2) 걷다 (歩く)			
(3) 묻다 (尋ねる)			
(4) 싣다 (載せる)			
(5) 깨닫다 (悟る)			
(6) 닫다 (閉める)			
(7) 쏟다 (こぼす)			
(8) 믿다 (信じる)			
(9) 얻다 (得る)			
(10) 묻다 (埋める)			

会話

73

제16과 고민하지 마세요.

< 윤 교수 연구실에서 >

태　민：교수님, 고민이 있어요.

윤 교수：무슨 일이에요? 말해 봐요.

태　민：제가 친구에게 화를 냈어요.
화해하고 싶어요.
어드바이스 좀 해 주세요.

윤 교수：솔직히 사과하세요.
고민하지 마세요. 친구잖아요.

태　민：네, 내일 이야기하겠습니다.

新出語彙

- **고민** 悩み
- **말해 봐요** 話してみてください（話してください）【말하다】
- **화를 냈어요** 怒りました【慣 화를 내다】
- **화해** 和解、仲直り
- **어드바이스** アドバイス
- **솔직히** 率直に、素直に
- **사과하세요** 謝りなさい【사과하다】
- **고민하지 마세요** 悩まないでください【고민하다】
- **이야기하겠습니다** 話します【이야기하다】

練習問題 II

1 次の会話を韓国語で言ってみましょう。

(1) A：韓国は初めて（처음）でいらっしゃいますか。
B：①はい、初めてです。
②いいえ、二回目（번째）です。
③いいえ、しょっちゅう来ます。先月も来ました。
A：韓国が好きですか（좋아하다）。
B：そうです（그럼요）。ソウルに友達も大勢います。※-거든요

(2) A：福岡をご存知ですか。
B：①はい、知っています。
②いいえ、知りません。
A：福岡はどこですか。
B：九州地方（지방）の北側（북쪽）にあります。

(3) A：バス停（버스정류장）はここから遠い（멀다）ですか。
B：いいえ、遠くありません。歩いて5分です。
A：そうですか。では、どうやって行けばいいですか。
B：まっすぐ（곧장）行って、横断歩道（횡단보도）を渡ってください（건너다）。
その右側（오른쪽）にバス停があります。

2 次の文章を韓国語で言ってみましょう。

(1) 何のご用で（어떻게）来られましたか（오시다）。

(2) 昨日から熱と咳が出てなかなか（좀처럼）寝られなかったです。

(3) 体（몸）を温かく（따뜻하게）してお休みになってください。

(4) あまり（너무）無理（무리）しないでください。

(5) 普段（평소）何の音楽を聞かれますか。

第17課 許してくれたら嬉しいです。

1 ～たら / ば
2 ～ればいいと思う
3 ～ばいい
4 ～てはいけない
5 ～から〈接続〉
6 ～に（行く、来る）

文法

1 ～たら / ば

パッチム無語幹 ＋ 면　　パッチム有語幹 ＋ 으면　　ㄹ語幹 ＋ 면

例）도착하다（到着する）/ 연락하다 → 도착하면 연락하세요.
문자（ショートメール）받다 / 확인하다（確認する）→ 문자 받으면 확인하세요.
힘들다（辛い）/ 쉬다（休む）→ 힘들면 쉬세요.

2 ～ればいいと思う

パッチム無語幹 ＋ 면 좋겠다　　パッチム有語幹 ＋ 으면 좋겠다　　ㄹ語幹 ＋ 면 좋겠다

例）싸다（値が安い）→ 좀 싸면 좋겠어요.
넓다（広い）→ 방이 넓으면 좋겠어요.
길다（長い）→ 휴가가 길면 좋겠어요.

3 ～ばいい

パッチム無語幹 ＋ 면 되다　　パッチム有語幹 ＋ 으면 되다　　ㄹ語幹 ＋ 면 되다

例）이메일（Eメール）/ 보내다 → 이메일을 보내면 돼요?
네, 보내면 돼요.
약 / 먹다 → 약을 먹으면 돼요?
네, 먹으면 돼요.
문（ドア）/ 열다 → 문을 열면 돼요?
네, 열면 돼요.

4 ～てはいけない

パッチム無語幹 +면 안되다　パッチム有語幹 + 으면 안되다　ㄹ語幹 + 면 안되다

例）담배（タバコ）/ 피우다 → 담배를 피우면 안돼요.
간식 / 먹다 → 간식을 먹으면 안돼요.
수업시간 / 졸다（居眠りをする） → 수업시간에 졸면 안돼요.

5 ～から〈接続〉

パッチム無語幹 + 니까　パッチム有語幹 + 으니까　ㄹ語幹 + 니까

例）바쁘다 / 내일 만나다 → 바쁘니까 내일 만나요.
차가 많다 / 조심하다 → 차가 많으니까 조심하세요.
멀다 / 택시를 타다 → 머니까 택시를 타세요.

6 ～に（行く、来る）

パッチム無語幹 + 러　パッチム有語幹 + 으러　ㄹ語幹 + 러

例）사다 / 가다 → 사러 가요.
먹다 / 오다 → 먹으러 와요.
놀다 / 가다 → 놀러 가요.

19.「아서/어서」と「니까/으니까」について

아 / 어形 + 서　　語幹 + 니까 / 으니까

「아서 / 어서」と「니까 / 으니까」はどちらも、前節が後節の理由や根拠を表しますが、使えない文があるので以下の場合は気をつけましょう。

- ・勧誘文と命令文では、「아서 / 어서」は使えないので「니까 / 으니까」を使いましょう。
- ・過去形は、「으니까」と接続します。
- ・고맙다，반갑다が後節に来る場合は、「아서 / 어서」を使います。

練習問題 I

1 日本語を参考に二つの文章を一つにつないでみましょう。(文末は해요体に)

(1) 집에 오다 / 전화하다. (家に着いたら電話してください。)

→ ______

(2) 부산에 가다 / 호떡을 먹다. (釜山に行ったらホットクを食べたいです。)

→ ______

(3) 전화번호를 알다 / 가르치다. (電話番号を知っていたら教えてください。)

→ ______

(4) 배부르다 / 다 먹다. (お腹いっぱいなら全部食べないで下さい。)

→ ______

2 日本語を参考に次の文章を作ってみましょう。(文末は해요体に)

(1) 빨리 가다 (早く行けばいいと思います。)

→ ______

(2) 가볍게 먹다 (軽く食べればいいと思います。)

→ ______

(3) 더 달다 (もっと甘ければいいと思います。)

→ ______

(4) 춤을 잘 추다. ※過去形に (ダンスが上手だといいと思います。)

→ ______

3 日本語を参考に次の文章を作ってみましょう。(文末は해요体に)

(1) 2시까지 오다 (2時までに来ればいいです。)

→ ______

(2) 여기서 갈아입다 (ここで着替えればいいです。)

→ ______

(3) 전화는 7시까지 걸다. (電話は7時までにかければいいです。)

→ ______

(4) 공항에서 명동까지 어떻게 가다 (空港から明洞までどうやって行けばいいですか。)

→ ______

4 日本語を参考に次の文章を作ってみましょう。（文末は해요体に）

(1) 図書館に食べ物を持ち込んではいけません。

→ ______________________________

(2) ここでは写真を撮ってはいけません。

→ ______________________________

(3) たくさん作ってはいけません。

→ ______________________________

(4) 運転する前にお酒を飲んではいけません。

→ ______________________________

5 指示に従って二つの文を一つにつないでみましょう。

(1) 늦잠 자다 / 늦다 ※서（寝坊して遅れました。）

→ ______________________________

(2) 피곤하다 / 택시를 타다 ※니까（疲れているからタクシーに乗りましょう。）

→ ______________________________

(3) 아침을 너무 먹다 / 점심은 먹다 ※서（朝を食べ過ぎたので昼は食べませんでした。）

→ ______________________________

(4) 비가 오다 / 우산을 가져가다 ※니까/세요（雨が降るから傘を持って行ってください。）

→ ______________________________

6 日本語を参考に次の文章を韓国語に直してみましょう。

(1) 展示会を見に美術館に行きます。

→ ______________________________

(2) ご飯食べに学食（학생식당）に行きます。

→ ______________________________

(3) ダンスを習いに通っています。

→ ______________________________

(4) 韓国語を学びに語学研修に行きました。

→ ______________________________

会話

74

第17과 용서해 주면 좋겠어요.

태민 : 미우 씨, 시간 있으면 영화 보러 가요.

미우 : 무슨 일이에요?

이제 화 안 났어요?

태민 : 화내서 미안해요.

사과의 뜻으로 오늘 영화 쏠게요.

용서해 주면 좋겠어요.

미우 : 좋아요.

나는 마음이 넓으니까 봐 줄게요.

태민 : 미우 씨는 얼굴도 마음도 예뻐요.

新出語彙

- 시간 時間
- 있으면 あれば【있다】
- 영화 映画
- 보러 가요 見に行きましょう【보다】
- 이제 もう、今
- 미안해요 ごめんなさい【미안하다】
- 사과 謝罪
- 뜻으로 意味で
- 쏠게요 おごりましょう【㊗쏘다】
  ※ 20課「～ㄹ/을게요」を参照
- 용서해 주면 許してくれれば【용서하다】
- 마음 心
- 넓으니까 広いから【넓다】
- 봐 줄게요 （大目に）見てあげます【보다】
  ※ 20課「～ㄹ/을게요」を参照
- 예뻐요 可愛いです【예쁘다】
  (마음이 예쁘다 心がきれいだ)

1 次の会話を韓国語で言ってみましょう。(文末は해요体に)

(1) A: どこに行かれますか。
B: 図書館に本を借りに行きます。
A: 来週から試験なので勉強をしなければいけません。※-야 하다

(2) A: インターネットで注文したら、どのぐらい (얼마나) かかりますか。
B: 私は注文して4日後 (후) に受け取りました。

(3) A: 失礼ですが、この近くに銀行はありますか。
B: この交差点 (사거리) をまっすぐ行けば食堂の向こう側 (건너편) にあります。

(4) A: 博物館 (박물관) では写真をお撮りになってはいけません。※-면 안되다, 합니다体で
B: 申し訳ありません。知らなかったです (모르다)。

2 ＿＿の部分に注意して、韓国語で言ってみましょう。(文末は해요体に)

(1) 試験を受けているから静かに (조용히) してください。※-세요

(2) 金曜日は忙しいから土曜日に出発します。※-겠어요

(3) 面倒だから (귀찮다) 髪を短く (짧게) 切ってください (자르다)。

(4) 不動産屋 (부동산중개소) があるからそこで聞いてみてください。

3 「~たらいいと思います」「~てはいけません」を使って話してみましょう。

例) 저녁은 뭐가 좋아요?　　삼겹살을 먹으면 좋겠어요.
실내에서 담배를 피워도 돼요?　　아니요, 피우면 안돼요.

第18課 映画館で食べるポップコーンは美味しいです。

1 現在連体形
2 ~ているようだ　推測 (1)
3 ~が、けれど、から、のに〈接続〉
4 ㅂ変則

文法

1 現在連体形

1. 動詞・存在詞

パッチム無語幹+는　　パッチム有語幹+는　　ㄹ語幹 (ㄹ脱落) +는

例) 타다 / 곳　→ 버스 타는 곳　　읽다 / 책　→ 요즘 읽는 책
알다 / 사람　→ 잘 아는 사람　　있다 / 학생　→ 질문 있는 학생

★ 좋아하다 , 싫어하다 , 잘하다 , 못하다は、日本語の品詞と異なり動詞です。注意しましょう。
例) 좋아하는 노래 , 싫어하는 음식 , 잘하는 운동 , 못하는 요리

2. 形容詞・指定詞

パッチム無語幹+ㄴ　　パッチム有語幹+은　　ㄹ語幹 (ㄹ脱落) +ㄴ

例) 예쁘다 / 꽃　→ 예쁜 꽃　　높다 / 하늘　→ 높은 하늘
힘들다 / 일　→ 힘든 일　　수도이다 / 서울　→ 수도인 서울

★맛있다 (美味しい) のように있다 / 없다で終わる単語の品詞は形容詞ですが、動詞·存在詞と同じ活用をして連体形を作ります。

2 ~ているようだ　推測 (1)

現在連体形 + 것 같다　　~ (ている) ようだ

例) 오다　→ 비가 오는 것 같아요.
없다　→ 집에 사람이 없는 것 같아요.
빠르다　→ 지하철이 빠른 것 같아요.
많다　→ 양이 좀 많은 것 같아요.
길다　→ 길이가 긴 것 같아요.

3 ～が、けれど、から、のに〈接続〉

1. 現在時制

現在連体形 ＋ 데

例）가다 → 집에 가는데 비가 왔어요.
없다 → 시간도 없는데 지금 뭐 해요?
좋다 → 물건은 좋은데 좀 비싸요.
조용하다 → 방은 조용한데 역이 머네요.
외국인이다 → 외국인인데 발음이 너무 좋아요.

2. 過去時制

過去形았/었 ＋ 는데

例）사다 → 어제 옷을 샀는데 색이 마음에 안 들어요.
있다 → 아까부터 계속 찾고 있었는데 여기 있네요.

4 ㅂ変則

語幹末がパッチムㅂで終わる用言の内、不規則な活用をする用言をㅂ変則用言といいます。規則活用をする用言もあるので注意しましょう。

語幹の後に、母音で始まる語尾が結合すると、「ㅂ」が「ㅜ」に変わる。
아 / 어形の語尾が接続する場合は「어」が接続して「워」になる。
★돕다，곱다のみ語幹末パッチム「ㅂ」が「오」に変わり「아」が接続すると「와」になります。

	活用例	
춥다（寒い）	춥 ⇒ 추우	＋ 어요 → 추워요
		＋ 으면 → 추우면
아름답다（美しい）	아름답 ⇒ 아름다우	＋ 어요 → 아름다워요
		＋ 으면 → 아름다우면
돕다（助ける）	돕 ⇒ 도오	＋ 아요 → 도와요
		＋ 으면 → 도우면

練習問題 I

1 (　) の中に適切な連体形を入れ、文章を完成してみましょう。

(1) 3호선으로 (갈아타다：乗り換える) 곳은 여기서 멀어요?

→ ____________________

(2) 만화로 문학작품을 (읽다) 것도 재미있어요.

→ ____________________

(3) 돈이 안 (들다) 운동은 걷기죠.

→ ____________________

(4) 집 근처에 서점이 (있다) 쪽이 훨씬 편해요.

→ ____________________

(5) 단체여행이 (아니다) 분은 저쪽으로 가세요.

→ ____________________

(6) (맵다) 음식은 건강에 좋지 않아요.

→ ____________________

2 (　) の中の単語に「-것 같다」をつけて、文章を完成してみましょう。

(1) 미우 씨는 아주 건강해요. 매일 (운동하다 →　　　　　　).

(2) 살쪘어요. 한국음식이 제 입에 (맞다 →　　　　　　).

(3) 하루도 술을 안 마시는 날이 없어요. 고민이 (있다 →　　　　　　).

(4) 주말에도 쉬지 않고 회사에 가요. 많이 (바쁘다 →　　　　　　).

(5) 밖에 눈이 많이 와요. 날씨가 꽤 (춥다 →　　　　　　).

(6) 학교까지 약 세 시간 걸려요. 거리가 좀 (멀다 →　　　　　　).

3 二つの文章を「-ㄴ/는데」でつなぎ、日本語訳をつけてみましょう。

(1) 시간이 <u>없습니다</u>. 버스가 안 옵니다.

→ ____________________

(2) 한복 치마가 <u>깁니다</u>. 좀 불편하지 않습니까?

→ ____________________

(3) 시험준비로 <u>바쁩니다</u>. 친구를 마중하러 공항에 가야 됩니다.

→ ____________________

(4) 다나카는 일본사람입니다. 한국말을 아주 잘합니다.

→ ______________________________

(5) 오늘은 늦잠을 잤습니다. 수업에 늦지 않았습니다.

→ ______________________________

(6) 마이크는 엔지니어였습니다. 지금은 일본에서 영어를 가르칩니다.

→ ______________________________

4 例を参考に次を活用してみましょう。

基本形	해요体	아/어形＋서	(으)니까	現在連体形
例) 쉽다 (易しい)	쉬워요	쉬워서	쉬우니까	쉬운 문제
(1) 가깝다 (近い)				곳
(2) 고맙다 (ありがたい)				사람
(3) 귀엽다 (可愛い)				인형
(4) 가볍다 (軽い)				가방
(5) 곱다 (美しい)				피부
(6) 돕다 (助ける)				일
(7) 입다 (着る)				옷
(8) 좁다 (狭い)				방

5 日本語を参考に次の文章を韓国語に直してみましょう。

(1) 明日来られない人がいれば、前もって(미리)知らせてください。

※못～, -면, 아/어形＋주세요

→ ______________________________

(2) 雨が降っているようですが、傘を持って行かなくてもいいですか。

※現在連体形＋것 같다, -데, -고, -지 않다, 아/어形＋도 되다

→ ______________________________

会話

75

第18과 영화관에서 먹는 팝콘은 맛있어요.

< 영화관에서 >

미우 : 정말 재미있는 영화였어요.

태민 : 영화 보는데 너무 웃어서 배가 아파요.

미우 : 영화 보면서 먹는 팝콘도 정말 맛있어요.

태민 : 미우 씨가 사 줘서 더 맛있었어요.
그런데 미우 씨는 슬픈 영화도 좋아해요?

미우 : 아니요.
스파이 영화 같은 스릴 있는 영화를 좋아해요.
그런데, 영화관이 좀 추웠어요.

新出語彙

- **영화관** 映画館
- **재미있는 영화** 面白い映画【재미있다】
- **보는데** 見ていて【보다】
  보면서 見ながら
- **너무** とても
- **웃어서** 笑って【웃다】
- **배** お腹
- **아파요** 痛いです【아프다】
- **먹는 팝콘** 食べるポップコーン【먹다】
- **정말** 本当に
- **더** もっと
- **슬픈 영화** 悲しい映画【슬프다】
- **스파이** スパイ
- **같은** ～のような
- **스릴** スリル
- **추웠어요** 寒かったです【춥다】

1 次の会話を韓国語で言ってみましょう。

(1) A：今日注文(주문)したらいつできますか (되다) 。

B：明日の午後、取り (찾다) に来てください。※-세요

(2) A：ハングルの日 (한글날) は休む日ですか。

B：はい、祝日 (공휴일) なので休みます。

(3) A：どこか具合悪い(아프다)ですか。

B：いいえ。最近、仕事が忙しくて疲れているようです (피곤하다) 。

A：では、早く家に帰って休んでください。

(4) A：ソウル旅行はどうでしたか。

B：美味しいものもたくさん食べて、とても楽しかったです。
写真もたくさん撮りました。

A：そうですか (그래요?) 。写真見せてください。

2 学校の近くにある部屋を探している学生と不動産屋の会話です。____の部分に注意しがら話してみましょう。

A：学校から近い部屋を探しているけど、いい部屋ありますか。

B：ちょっと小さくても大丈夫ですか。

A：はい、大丈夫です。

B：適切な(적당하다)部屋があるけど、一緒に行ってみますか。※-겠

3 食堂の前で並んでいる客を見て会話をしています。韓国語で言ってみましょう。

A：あの食堂はいつも待っている人が多いですね。

B：ランチタイムはもっと多いようですよ。

A：私もあそこで食べてみたけど、安くて美味しかったです。

B：そうですか。近いから一度行ってみたいですね。

第19課 韓国に来て一年になりました。

1 動詞の過去連体形
2 ～たようだ　推測（2）
3 ～たことがある、～たことがない
4 ～て（から）～になる
5 ㅎ変則

文法

1 動詞の過去連体形

パッチム無語幹 ＋ ㄴ　　パッチム有語幹 ＋ 은　　ㄹ語幹（ㄹ脱落）＋ㄴ

例）마시다 / 술 → 어제 마신 술
먹다 / 비빔밥 → 어제 먹은 비비밥
만들다 / 케이크 → 어제 만든 케이크

2 ～たようだ　推測（2）

過去連体形 ＋ 것 같다

例）마시다 → 술을 마신 것 같아요.
먹다 → 많이 먹은 것 같아요.
만들다 → 어머니가 만든 것 같아요.

3 ～たことがある、～たことがない

過去連体形 ＋ 적이 있다, 없다

例）마시다 → 한국 술을 마신 적이 있어요
먹다 → 비빔밥을 먹은 적이 있어요
만들다 → 케이크를 만든 적이 없어요

4 ～て（から）～になる

過去連体形지 ～되다

例）먹다 → 비빔밥을 안 먹은 지 육 개월이 됐어요.
마시다 → 술를 안 마신 지 한 달이 됐어요.
만들다 → 이 케이크는 만든 지 하루가 됐어요.

5 ㅎ変則

語幹末がパッチムㅎで終わる形容詞（좋다を除く）は、不規則な活用をします。

〈 아 / 어が接続する場合 〉

① 語幹の後に、「아 / 어」で始まる語尾が結合すると、「ㅎ」が脱落する。
② 「아 / 어」ではなく「ㅐ」をつける（語幹の母音は縮約になる）。

	活用例
빨갛다（赤い）	빨갛 ＋ 어요 → 빨ㄱ ＋ ㅐ요 → 빨개요
그렇다（そうだ）	그렇 ＋ 어요 → 그ㄹ ＋ ㅐ요 → 그래요

〈 으が接続する場合 〉

① 語幹の後に、「으」で始まる語尾が結合すると、「ㅎ」が脱落する。
② 語尾の「으」が脱落する。

	活用例
빨갛다（赤い）	빨갛 ＋ 으니까 → 빨가 ＋ 니까 → 빨가니까
그렇다（そうだ）	그렇 ＋ 으면 → 그러 ＋ 면 → 그러면

〈 連体形 〉

① 語幹の「ㅎ」が脱落する。
② 連体形の「ㄴ」が接続する。

	活用例
빨갛다（赤い）	빨갛 → 빨가 ＋ ㄴ → 빨간
그렇다（そうだ）	그렇 → 그러 ＋ ㄴ → 그런

練習問題 I

1 日本語を参考に（　）の中を活用してみましょう。

(1) 숙제를 (안 하다) 사람 있어요?
宿題をしなかった人はいますか。

(2) 수업시간에 (읽다) 내용을 기억해요?
授業時間に読んだ内容を覚えていますか。

(3)지난 주 백화점에서 (사다) 옷을 (바꾸다)?
先週デパートで買った服を交換してはいけませんか。

2 （　）の中の単語に「過去連体形+것 같다」をつけて文章を完成させ、日本語訳をつけてみましょう。

(1) 비가 많이 오네요. (벌써, 장마, 시작되다)

→ ______

→ 訳: ______

(2) 하루토 씨 마스크 독특하네요. (직접, 만들다)

→ ______

→ 訳: ______

(3) 어젯밤부터 열이 나고 목이 아파요. (감기, 걸리다)

→ ______

→ 訳: ______

3 日本語を参考に質問文と応答文を作ってみましょう。

(1) 韓服を着たことがありますか。いいえ、ありません。一度着てみたいです。

→ (한복, 입다) ______

→ ______

(2) 映画を見て泣いたことがありますか。はい、あります。

→ (영화, 보다, 울다) ______

→ ______

(3) 韓国のビールを飲んでみましたか。いいえ、飲んだことがありません。

→ (맥주, 마시다) ______

→ ______

4 日本語を参考に次の文章を韓国語に直してみましょう。

(1) 韓国語お上手ですね。韓国語を習ってどれぐらいなりましたか。

→ ______________________________

2年ぐらいなりました。韓国に行く前に大学で習いました。

→ ______________________________

(2) 疲れているようですね。この仕事を始めてどのぐらいになりますか。

→ ______________________________

ひと月ぐらいになります。大学を卒業した後から始めました。

→ ______________________________

5 例を参考に次を活用してみましょう。

	意味	해요体	過去形	해요体の尊敬	現在連体形
例) 어떻다	どうだ	어때요?	어땠어요?	어떠세요?	어떤사람
(1) 그렇다	そうだ				일
(2) 이렇다	こうだ				일
(3) 빨갛다	赤い			／	색
(4) 하얗다	白い			／	색

6 日本語を参考に次の文章を韓国語に直してみましょう。

(1) 昨夜(어젯밤에) 雪が降ったようです。※過去連体形+것 같다

→ ______________________________

(2) このキムチは赤いけど、辛くないです。※現在連体形+데

→ ______________________________

(3) この歌、聞いたことがあるけど、タイトル(제목)が思い出せないですね。
(생각이 나다) ※過去連体形+적이 있다, 現在連体形+데, -네요

→ ______________________________

会話

76

第19과　한국에 온 지 일 년이 됐어요.

< 윤 교수 연구실에서 >

미　우 : 한국에 온 지 벌써 일 년이 다 됐어요.
교수님, 제 한국어 실력 어때요?

윤 교수 : 많이 늘었어요.

미　우 : 정말요?
전에 한국 할머니께 길을 가르쳐 드린 적도 있어요.

윤 교수 : 미우 씨, 여기 사람 다 됐네요.

미　우 : 아니에요. 더 열심히 해야 해요.

윤 교수 : 미우 씨가 적극적이니까
친구도 많은 것 같아요.

미　우 : 네, 친구들이 많이 가르쳐 줘요.

新出語彙

- **온 지** 来て（から）【오다】
- **벌써** もう
- **년** 年
- **다** ほとんど
- **실력** 実力
- **어때요?** どうですか【어떻다】
- **늘었어요** 伸びました【늘다】
- **정말요?** 本当ですか【정말+(이)요】
- **전에** 前に、以前
- **할머니** おばあさん
- **께** 〈助詞・敬語〉（人）に
- **길** 道
- **가르쳐 드린 적** 教えて差し上げたこと【가르치다】
가르쳐 줘요　教えてくれます
- **여기** ここ
- **됐네요** なりましたね【되다】
- **더** もっと
- **열심히 해야 해요** 熱心にしなければなりません（頑張らなければなりません）【열심히 하다】
- **적극적** 積極的
- **많은 것 같아요** 多いようです【많다】

1 次の会話を韓国語で言ってみましょう。

(1) A: この自転車はいつ買ったものですか。
B: 買ったものではありません。帰国した留学生がくれたものです。

(2) A: この壁にかかっている絵(達)は全部素敵ですね(멋있다)。※네요
B: 有名な画家が描いたものです。

(3) A: ピアノを習ったことがありますか。
B: いいえ、ありません。
A: では、いっしょに習いましょう。

(4) A: 最近、道がよく混みますね(막히다)。
B: お正月(설날)が近づいている(다가오다)から、そのようです(그렇다)。※-것 같다

(5) A: 安東(안동)はどんな所ですか。
B: 古い韓屋(한옥)が多い所です。
A: 韓国に来て3年になったけど、地方に行ったことがなくてですね。
B: 安東はハフェタルチュム(하회탈춤)も有名なので、ぜひ見てください。※-세요

2 「~てどのぐらいになりますか。」を使って話してみましょう。

例) 한국어를 배운 지 얼마나 됐어요? 일년 됐어요.

第20課 江原道へ旅行に行きましょうか。

1 未来連体形
2 ~そうだ　推測 (3)
3 ~とき
4 ~ます　意志
5 ~ましょうか
6 ~ことができる、~ことができない
7 ㅅ変則

文法

1 未来連体形

パッチム無語幹 + ㄹ　　パッチム有語幹 + 을　　ㄹ語幹 (ㄹ脱落) + ㄹ

例) 배우다 → 내일 배울 곳　읽다 → 주말에 읽을 책　팔다 → 축제 때 팔 호떡

2 ~そうだ　推測 (3)

未来連体形 + 것 같다

例) 오다 → 비가 올 것 같아요.　비싸다 → 값이 비쌀 것 같아요.
많다 → 사람이 많을 것 같아요.　맵다 → 김치가 매울 것 같아요.

3 ~とき　未来連体形 ⬚ 때

例) 배우다 → 외국어를 배울 때는 복습 (復習) 을 꼭 해야 해요.
읽다 → 책을 읽을 때는 조용히 (静かに) 해 주세요.
팔다 → 호떡을 팔 때는 거스름돈 (釣銭) 이 필요 (必要) 해요.
어리다 (幼い) → 어릴 때부터 책을 좋아했어요.

★ 過去時制の場合も때は未来連体形のあとに来ます。「過去+未来連体形 ⬚ 때」の順になります。
살다 → 한국에서 살았을 때 자주 먹었어요.

4 ~ます　意志　未来連体形 ⬚ 거예요.

1. 未来連体形 + 거예요

例) 배우다 → 한국어를 배울 거예요.　읽다 → 이 책은 내일 읽을 거예요.
팔다 → 내가 호떡을 팔 거예요.

2. 未来連体形 + 게요

例) 배우다 → 한국어를 배울게요.　읽다 → 이 책은 내일 읽을게요.
팔다 → 내가 호떡을 팔게요.

3. 未来連体形 + 래요

例) 배우다 → 한국어를 배울래요. 읽다 → 이 책은 내일 읽을래요.
팔다 → 내가 호떡을 같이 팔래요.

5 ~ましょうか

未来連体形 + 까요?

例) 배우다 → 한국어를 같이 배울까요? 읽다 → 책을 같이 읽을까요?
팔다 → 호떡을 같이 팔까요?

6 ~ことができる、~ことができない

未来連体形 ⬚ 수 있다 未来連体形 ⬚ 수 없다

例) 배우다 → 한국어를 배울 수 있어요 / 배울 수 없어요.
읽다 → 책을 읽을 수 있어요 / 읽을 수 없어요.
팔다 → 호떡을 팔 수 있어요 / 팔 수 없어요.

★「수 없다」は、第 15 課で習った「못」「~지 못하다」とほぼ同じ使い方をします。

7 ㅅ変則

語幹末がパッチム「ㅅ」で終わる用言の内、不規則な活用をする用言をㅅ変則用言といいます。
語幹の後に、母音で始まる語尾が結合すると、「ㅅ」が脱落します。
※「씻다」など規則用言もあるので注意しましょう。

	活用例
낫다（ましだ）	낫 + 아요 → 나 + 아요 → 나아요 낫 + 으면 → 나 + 으면 → 나으면
젓다（混ぜる）	젓 + 어요 → 저 + 어요 → 저어요 젓 + 으면 → 저 + 으면 → 저으면
씻다（洗う）	씻 + 어요 → 씻어요 씻 + 으면 → 씻으면

練習問題 I

1 (　)の中に適切な連体形を入れ、文章を完成してみましょう。

(1) 동생에게 (주다 →　　　　　) 선물을 사러 갔어요.

(2) 직접 카드를 (만들다 →　　　　　) 예정이에요.

(3) 모두가 같은 시간에 (출근하다 →　　　　　) 필요는 없어요.

2 日本語を参考に(　)の中を活用してみましょう。

(1) 집에 아무도 (없다 →　　　　　) 것 같아요.
家に誰もいなさそうです。

(2) 오늘은 갑자기 일이 (생기다 →　　　　　) 것 같아요.
今日は急に用事が出来そうです。

(3) 이번 여름은 작년보다 더 (덥다 →　　　　　) 것 같아요.
今年の夏は去年よりもっと暑そうです。

3 日本語を参考に次の文章を韓国語に直してみましょう。

(1) ご飯を食べる時はスプーンを使って、茶碗を持ってはいけません。
밥, 숟가락, 밥그릇, 먹다, 사용하다, 들다, 때 ※-고, -면 안되다
→ ______________________________

(2) 初めて韓国に到着した時、少し緊張しました。
처음, 한국, 도착하다, 긴장하다, 좀, 때
→ ______________________________

(3) 友人達と一緒に好きな歌手のコンサートに行った時が一番楽しかったです。
친구들, 좋아하다, 가수, 콘서트, 가다, 제일, 재미있다, 같이, 때
→ ______________________________

(4) 飛行機に乗る時は出発時刻の2時間前までに空港に到着しなければなりません。
비행기, 타다, 두 시간, 전, 공항, 도착하다, 때, 출발 시간 ※-아/어形+야 하다
→ ______________________________

4 次の質問文と応答文を書いてみましょう。

(1) 비, 오다 雨は降るでしょうか。 ※까요?

→

아마, 안 오다 多分降らないと思います。 ※-거예요

→

(2) 시험, 끝나다, 하다 試験が終わったら何をするつもりですか。 ※-면, -거예요?

→

집, 가다, 쉬다 家に帰って休むつもりです。 ※아/어서, -거예요

→

(3) 버스정류장, 걷다, 20분, 걸리다, 택시, 타다
バス停まで歩いて20分かかるけど、タクシーに乗りませんか。 ※아/어서, -데, -래요?

→

날씨, 좋다, 걷다 天気が良いから、歩きます。 ※-니까, -래요

→

5 日本語を参考に韓国語で応答文を作ってみましょう。

(1) 같이 갈까요? → 今少し忙しいから、お先にどうぞ(먼저 가다)。 ※-니까, -세요

→

(2) 저기, 한국말 하세요? → はい、少しできます。

→

(3) 도와 드릴까요? → はい、手伝ってください。 ※아/어 주세요

→

→ いいえ、重くないから一人でやりますよ。 ※안-, -니까, -게요

→

6 日本語を参考に次の文章を韓国語に直してみましょう。

(1) 飲む前によく混ぜてください。(마시다, 젓다) ※-세요

→

(2) 薬を飲んで休んだら治りそうです。(약, 먹다, 쉬다, 낫다)

→

(3) ご飯を炊く時、注意しなければならないことは何ですか。(밥, 짓다, 주의하다, 것, 뭐)

→

77

第20과 강원도로 여행 갈까요?

< 학생홀에서 >

태　민 : 1월에 시간 있을 때 뭐 할 거예요?

미　우 : 같이 강원도로 여행 갈까요?

하루토 : 난 추워서 안 갈래요.

태　민 : 나도 강원도에 가고 싶었어요.
같이 스노보드 타요.

미　우 : 일본에서 스키장에 갔을 때도 스노보드는 못 탔어요.

태　민 : 내가 가르쳐 줄게요. 금방 탈 수 있어요.

하루토 : 그럼 나도 갈까?
집에 있는 것보다 나을 것 같아.

新出語彙

- **있을 때** いるとき【있다】
- **강원도** 江原道
- **로 / 으로** (方向) へ
- **스노보드** スノーボード
- **타요** 乗りましょう【타다】
- **스키장** スキー場
- **금방** すぐ
- **갈까?** 行こうかな【가다】
- **집** 家
- **있는 것** いること【있다】
- **나을 것 같아** 良いと思う【낫다】

練習問題 II

1 次の会話を韓国語で言ってみましょう。

(1) A: 授業が終わったらカラオケに行きましょうか。
B: ① ごめんなさい。今日はレポートが多くて図書館に行かなければいけません。
② 知っている韓国の歌がなくて歌えません。

(2) A: 小包 (소포) は、いつ送りますか。
B: 明後日までには送ることができます。※-거예요
A: 明日はできませんか。
B: 明日の夕方は大丈夫です。

(3) A: いつ映画 (を) 見に行きますか。※-래요
B: 今週の日曜日はどうですか。
A: 良いですよ。では、チケットは私が買っておきます(사 두다)。※-게요

2 春休みの予定について話してみましょう。

A: 休暇 (春休み) に何をするつもりですか。
B: 一人で旅行をするつもりです。

20. 連体形活用表

	パッチム	現在	過去	未来
動詞	無	는	ㄴ	ㄹ
	有		은	을
	ㄹ	(ㄹ脱落) 는	(ㄹ脱落) ㄴ	(ㄹ脱落) ㄹ
存在詞 (있다, 없다)		는	던	을
形容詞 指定詞 (이다, 아니다)	無	ㄴ	던	ㄹ
	有	은		을
	ㄹ	(ㄹ脱落) ㄴ		(ㄹ脱落) ㄹ

21. 様々な意志表現

語幹＋겠＋文末語尾 ：話し手の計画や予定、意思を表す。
また推測を表すこともできる。

未来連体形 거예요 ：話し手の計画や予定、意思を表す。
三人称で使うと推測の意になる。

未来連体形 게요 ：話し手が聞き手に約束や意志を伝えるとき用いる。
一人称のみ使える。

未来連体形 래요 ：「거예요」に近いが三人称では使えない。

意志

私はコーヒーを飲みます。

저는 커피를 마시겠어요. ○
저는 커피를 마실 거예요. ○
저는 커피를 마실게요. ○
저는 커피를 마실래요. ○

推測

今日の午後雨が降るでしょう。

오후에 비가 오겠어요. ○
오후에 비가 올 거예요. ○
오후에 비가 올게요. ×
오후에 비가 올래요. ×

相手の意思を訪ねる

何を飲みますか。

뭐 마시겠어요? ○
뭐 마실 거예요? ○
뭐 마실게요? ×
뭐 마실래요? ○

独り言

必ず合格する。

꼭 합격하겠어. ○
꼭 합격할 거야. ○
꼭 합격할게. ×
꼭 합격할래. ○

22. 様々な勧誘表現

	話し手の考え	聞き手の考え
-(으)ㄹ래요?	○ (あとで)	◎ (先に)
-(으)ㄹ까요?	◎ (先に)	○ (あとで)
-(으)ㅂ시다	◎ (一番重要)	× (尋ねない)

-(으)ㅂ시다は目上の人には使えません。目上の人には-(으)ㅂ시다の代わりに、"(으)시겠습니까?"または"(으)시지요(↘)"のほうが自然です。親しい仲だけどぞんざいな言葉を使えない時は、"-자"の代わりに"-아/어요"を使います。

미우 씨, 같이 식사합시다. (食事しましょう)
(ミウさんの考えを尋ねずに一緒に食事しようとする)

미우 씨, 같이 식사할까요? (食事しましょうか)
(私は食事したいけど、ミウさんの都合はどうかを尋ねる)

미우 씨, 같이 식사할래요? (食事しますか)
(ミウさんが食事したがるかどうかを先に尋ねる)

23. 「잖아요」と「거든요」について

	理由説明	情報提供	確認・強調・提案
- 잖아요	聞き手が知っている理由	×	○
- 거든요	聞き手が知らない理由	○	×

(1) A: 발이 참 크네요. 足が本当に大きいですね。
B: 키가 크잖아요. (理由) 背が高いじゃないですか。

(2) A: 내 책이 어디 있지? 私の本、どこにある?
B: 여기 있잖아. (確認) ここにあるじゃない。

(3) A: 주말에 혼자 있으면 심심해. 週末、一人でいると退屈だよ。
B: 책을 읽으면 되잖아. (提案) 本を読めば良いじゃない。

(4) A: 김치를 안 먹어요? キムチを食べませんか。
B: 매운 음식을 싫어하거든요. (理由説明) 辛い食べ物が嫌いだから。

(5) A: 여러분, 학교에서 한국어변론대회가 있거든요. (話題提示)
皆さん、学校で韓国語弁論大会がありますよ。
B: 언제요? いつですか。
저 다음 달에 한국에 가거든요. 私、来月韓国に帰りますよ。

会話本文の日本語訳

会話文の直訳です。直訳で違和感がある部分は下線を引き（　）内に意訳を示します。また訳が不要な場合は（　）内を φ にします。

第６課　私はキム・テミンです。

テミン：　こんにちは。
　　　　　わたくしはキム・テミンです。
ミ　ウ：　こんにちは。
　　　　　わたくしの名前はヤマモトミウです。
テミン：　お会いできて嬉しいです。
　　　　　ミウさんは在日コリアンですか。
ミ　ウ：　いいえ、在日コリアンではありません。
　　　　　日本人です。

第７課　日本の実家に猫がいます。

〈教室でミウの家族写真を見ながら〉
テミン：　ミウさんの家族ですか。
ミ　ウ：　はい、わたしの家族です。
テミン：　この人は誰ですか。
ミ　ウ：　兄です。
　　　　　その隣が姉です。
テミン：　年下の兄弟（弟や妹）はいませんか。
ミ　ウ：　はい、いません。しかし猫がいます。
　　　　　猫の「レオ」がわたしの年下の兄弟（弟）です。

第８課　今日は展示会の準備をします。

ミ　ウ：　今日の午後何しますか。
テミン：　サークルの友達と写真展示会の準備をします。
　　　　　展示会準備には時間がたくさんかかります。
ミ　ウ：　テミンさんも写真を撮りますか。
テミン：　はい、6月24日月曜日から6月28日金曜日まで
　　　　　学生会館1階で展示会をします。
　　　　　チケットは3,500ウォンです。
　　　　　しかし、僕の友達のミウさんはタダです。

第９課　ボールペンでレポートを書いています。

ミ　ウ：　今ユン先生のレポートを書いています。
テミン：　レポートはパソコンで書きますか。
ミ　ウ：　いいえ、パソコンで書きません。
　　　　　ボールペンで書きます。
テミン：　提出日はいつですか。
ミ　ウ：　明日だけど、今日出します。
テミン：　提出する前にユン先生に連絡しませんか
　　　　　（連絡しなくてもいいですか）。
ミ　ウ：　はい、大丈夫です。

第10課　夏休みに済州島に行きたいです。

テミン：　夏休みに何したいですか。
ミ　ウ：　済州島旅行に行きたいです。
　　　　　美味しい料理を食べて、
　　　　　写真もたくさん撮りたいです。
テミン：　済州島は山が美しく海もきれいです。
　　　　　僕も一緒に行きたいですね。
ミ　ウ：　済州島旅行は友達と一緒に行きます。
テミン：　ミウさん、もしかして彼氏がいますか。
ミ　ウ：　秘密です。

第11課　10月から語学研修を受けます。

ミ　ウ：　テミンさん、挨拶してください（紹介します）。
ハルト：　こんにちは。ナカガワハルトです。
テミン：　こんにちは。キム・テミンです。
　　　　　ところで、ハルトさんはミウさんの彼氏ですか。
ミ　ウ：　違います。わたしの兄の友達です。
　　　　　10月から語学研修を受けます（します）。
テミン：　あ、はい（ああ）、ハルトさんも韓国アイドルに
　　　　　興味ありますか。
ハルト：　はい、実力も良いし（あるし）顔も小さくて
　　　　　脚も長いじゃないですか。
ミ　ウ：　もう、男たち（φ）は…。

第12課 飲み会しましょう。

テミン： ハルトさん、お酒は好きですか。
ハルト： もちろんです。今日はビールがそそられますね（飲みたいですね）。
ミ ウ： では、今日わたしたち（φ）三人、チメク（チキンとビール）で団結大会（飲み会）しましょう。
テミン： そうしましょう。7時に学校前の地下鉄の駅で会いましょう。
〈飲み屋で〉
ハルト： ビール三杯と。
ミ ウ： ヤンニョムとフライド半々（半分半分にして）ください。
テミン： 合わせチヂミ二人前もです。

第13課 一緒に行ったんですか。

〈テミンとハルト二人だけで学生ホールで〉
テミン： 韓国はどこに行ってみましたか（行きましたか）。
ハルト： 済州島が本当に良かったです。
テミン： やはりハルトさんと一緒に行ったんですか。
ハルト： ミウが話しましたか。
テミン： いいえ、秘密だと言いました（言っていました）。
〈ミウが来て〉
ミ ウ： 二人で何の話をしていますか。
テミン： 秘密です。

第14課 一緒に行ってください。

ミ ウ： テミンさん、忙しいですか。
テミン： なぜですか。何事ですか（何かありますか）。
ミ ウ： デパートに一緒に行ってプレゼントをちょっと（φ）見てください。（プレゼント選びを手伝ってください）
テミン： なぜですか。誰かの誕生日ですか。
ミ ウ： はい、ハルト兄さん（さん）の誕生日です。テミンさんは同じ男の人じゃないですか。

第15課 待ってもいいです。

テミン： ユン先生の研究室に行かなければならないのでデパートに一緒に行けません。
ミ ウ： 待ってもいいです。一緒に行ってください。
テミン： 図書館に行って本も借りなければなりません。
ミ ウ： 長くかかりますか。
テミン： わたしも分かりません。多く（かなり）遅いです（遅くなります）。だから一人で行ってください。
ミ ウ： テミンさん、わたしに怒っていますか。最近なぜそうしますか（どうしたんですか）。

第16課 悩まないでください。

〈ユン先生の研究室で〉
テ ミ ン：先生、悩みがあります。
ユン先生：何事ですか（どうしましたか）。話してみてください。
テ ミ ン：わたしが友達に怒りました。仲直りしたいです。アドバイスをちょっと（φ）して（φ）ください。
ユン先生：率直に（素直に）謝ってください。悩まないでください。友達じゃないですか。
テ ミ ン：はい、明日話します。

第17課 許してくれたら嬉しいです。

テミン： ミウさん、時間あれば映画見に行きましょう。
ミ ウ： 何事ですか（どうしましたか）。もう怒りませんか（怒ってないですか）。
テミン： 怒ってすみません。謝罪の意味で今日、映画おごります。許してくれたらいいです（嬉しいです）。
ミ ウ： いいです。わたしは心が広いから映画で許してあげます。
テミン： ミウさんは顔も心もかわいいです（顔もかわいいし心もやさしいです）。

会話本文の日本語訳

第18課　映画館で食べるポップコーンは美味しいです。

〈映画館で〉

ミ　ウ：　本当に面白い映画でした。

テミン：　映画を見ていてとても笑って（笑いすぎて）お腹が痛いです。

ミ　ウ：　映画を見ながら食べるポップコーンも本当に美味しいです。

テミン：　ミウさんが買ってくれて（おごってくれて）もっと美味しかったです。
ところで、ミウさんは悲しい映画も好きですか。

ミ　ウ：　いいえ。
スパイ映画みたいなスリルのある映画が好きです。
ところで映画館がちょっと寒かったです。

第19課　韓国に来て一年になりました。

〈ユン先生の研究室で〉

ミ　　ウ：韓国に来てもう一年が経ちました（になります）。
先生、わたしの韓国語の実力どうですか？

ユン先生：たくさん伸びました（上手になりました）。

ミ　　ウ：本当ですか。
以前、韓国のおばあさんに道を教えたこともあります。

ユン先生：ミウさん、こっちの人になりましたね。

ミ　　ウ：いいえ、もっと熱心にし（頑張ら）なければなりません。

ユン先生：ミウさんは積極的だから友達も多いようですね。

ミ　　ウ：はい、友達がたくさん教えてくれます。

第20課　江原道へ旅行に行きましょうか。

〈学生ホールで〉

テミン：　一月に時間あるとき、何しますか（何をする予定ですか）。

ミ　ウ：　一緒に江原道へ旅行に行きましょうか。

ハルト：　わたしは寒いから行きません。

テミン：　わたしも江原道に行きたかったです。
一緒にスノーボード乗りましょう（しましょう）。

ミ　ウ：　日本でスキー場に行ったときもスノーボードは乗れませんでした（できませんでした）。

テミン：　僕が教えてあげます。すぐ乗れます。

ハルト：　じゃあ、わたしも行こうかな。
家にいるより良いと思う。

単語索引（韓—日）

各語彙の右端は、初出単元は示す。例：6文・練＝第6課文法の練習問題ページ。
＊発音＝文字と発音解説の課（1～5課）、文法＝文法解説ページ、文・練＝文法の練習問題ページ、会話＝会話ページ、会・練＝会話の練習問題ページ。

ㄱ		
가	が	6文・練
가게	店	発音
가깝다	[ㅂ] 近い、親しい	18文・練
가다	行く	発音
가르치다	教える	15会・練
가방	カバン	10文・練
가볍다	[ㅂ] 軽い	17文・練
가수	歌手	12文・練
가시다	가다（行く）の敬語	発音
가슴	胸	12文・練
가을	秋	発音
가져가다	持っていく	15文・練
가져오다	持ってくる	17文・練
가족	家族	発音
가지다	持つ	15文・練
가짜	偽物	発音
가치	価値	発音
간식	おやつ	8文・練
간호사	看護師	12文・練
갈비	カルビ	発音
갈아입다	着替える	9会・練
갈아타다	乗り換える	18・練
감기	風邪	発音
감사 [하]	感謝	発音
감상 (하)	鑑賞	6会・練
갑자기	急に、いきなり、突然	20文・練
값	価値、価格	発音
강	川	発音
강아지	子犬	7文・練
강원도	江原道（韓国および北朝鮮の地名）	10文・練
같다	等しい、同じだ	発音
같은	同じ	14会話
같이	一緒に	発音
개	犬	発音
개	～個	12文法
개그맨	お笑い芸人	12文・練
개성	開城（北朝鮮の地名）	10文・練
개월	～ヶ月	19文法
객실승무원	客室乗務員	6文・練
거	もの、こと、～の、것の縮約形	7会・練
거기	そこ、そこに	15会・練
거리	街、通り	18文・練
거스름돈	釣銭	20文法
거울	鏡	9文・練
거의	ほとんど	11文・練
거짓말	嘘	発音
걱정 (하 / 되)	心配	16文法
건강 [하]	健康だ	18文・練
건너다	渡る	12文・練
건너편	向こう側、向かい側	17会・練
건물	建物	7文・練
걷기	ウォーキング、歩くこと	18文・練
걷다	[ㄷ] 歩く	16文法
걸다	かける	11文・練
걸리다	（病気に、時間が）かかる	発音
걸어가다	歩いて行く	8文・練
것	もの、こと	18文・練
겨울	冬	発音
결제	支払い	12会・練
결혼 (하)	結婚	発音
경기	競技	17文・練
경기도	京畿道（韓国の地名）	10文・練
경상남도	慶尚南道（韓国の地名、경남と略する）	10文・練
경상북도	慶尚北道（韓国の地名、경북と略する）	10文・練
경제	経済	6文・練
경찰관	警察官	12文・練
경찰서	警察署	10文・練
계속	ずっと、引き続き	18文法
계시다	있다（居る）の敬語	発音
고기	肉	発音
고등학교	高校	12文・練
고등학생	高校生	12文・練
고르다	[르] 選ぶ	15文・練
고맙다	[ㅂ] ありがたい	発音
고모	おばさん（父の姉や妹）	6文・練
고민	悩み	16会話
고양이	猫	7会話
고추	とうがらし	発音
고향	故郷	発音
곧	すぐに	発音
곧이	まっすぐに	発音
곧장	まっすぐ	16会・練
골프	ゴルフ	6文・練
곱다	[ㅂ] 美しい、きれいだ	18文・練
곳	所、場所	18文法
공기	空気	18文・練
공무원	公務員	6会・練
공부 (하)	勉強	発音
공원	公園	8会・練
공짜	タダ、無料	8会話
공항	空港	発音
공휴일	公休日・祝日	18会・練
과	～と	10会話
과자	菓子	発音
과제	課題	15文・練
광주	光州（韓国の地名）	10文・練
괜찮다	構わない、大丈夫だ	9会話
교사	教師	6文・練
교수님	教授、大学の先生	9会話
교습	教習	13会・練
교실	教室	7文・練
교통카드	交通カード	発音
교환학생	交換（留）学生	6会・練
구	9	発音
구경 (하)	見物、観覧	13会・練
구역	区域	17文・練
국내	国内	発音
국립	国立	発音
국밥	クッパ	発音
국제문화	国際文化	6会・練
군인	軍人	12文・練
굳이	あえて	発音
굶다	飢える	発音
권리	権利	発音
귀	耳	12文・練
귀국 (하)	帰国	19会・練
귀엽다	[ㅂ] 可愛い	18文・練
귀찮다	面倒だ	17会・練
그	その	7文・練

그거	それ、그것の略	7 文・練
그것	それ	7 文・練
그냥	そのまま、ただ	15 会・練
그래서	それで、だから、そして	13 会・練
그래요	そうです、そうしましょう	12 会話
그러니까	だから、つまり	15 会話
그런데	ところで、だけど	11 会話
그럼	それなら、では	12 会話
그럼	【感嘆詞】そうだとも、もちろんだ	12 会話
그렇게	そのように	17 会・練
그렇다	[ㅎ] そうだ	19 文法
그리고	そして	13 会・練
그리다	描く	8 文・練
그림	絵	8 文・練
그저께	おととい	19 文法
극장	劇場、映画館	10 文・練
근처	近所、近く	17 会・練
금방	すぐ	20 会話
금연 (하)	禁煙	発音
금요일	金曜日	8 文法
기다리다	待つ	9 文・練
기르다	[르] 育てる、飼う	15 文・練
기말고사	期末試験	17 文法
기쁘다	[으] 嬉しい	14 文法
기숙사	寮、寄宿舎	7 会・練
기억	記憶	19 文・練
기자	記者	16 文・練
기차	汽車	発音
기침	咳	15 文法
기후	気候	発音
긴장	緊張	20 文・練
길	道	8 文・練
길다	長い	11 会話
길이	長さ	18 文法
김밥	キンパ (韓国式のり巻)	9 文・練
김치	キムチ	発音
김치찌개	キムチ鍋、キムチチゲ	9 文・練
까맣다	[ㅎ] 黒い	19 文・練
까지	～まで	発音
까치	カササギ	発音
깍두기	カクテキ	発音
깎다	削る、値切る	14 文・練
깨끗하다	きれいだ、清潔だ	9 文・練
깨닫다	[ㄷ] 悟る、気づく	16 文・練
깨우다	起こす	12 文・練
께	に (尊敬の助詞)	16 文法
꼭	必ず、きっと、ぜひ	10 文・練
꽂히다	ささる	発音
꽃	花	発音
꽃다발	花束	発音
꽤	かなり、なかなか	11 会・練
끄다	消す	14 文・練
끓다	沸く	発音
끝	終わり、端、先	発音
끝나다	終わる	発音
끝내다	終える	9 文・練

ㄴ

나	私、僕	6 文法
나가다	出る、出て行く	9 文・練
나다	出る、生じる、起こる	14 文・練
나라	国	6 文・練
나무	木	7 文・練
나비	蝶々	発音
나오다	出てくる	13 文・練
나이	年齢	16 文法
나흘	四日	17 会・練
낚시	釣り	6 文・練
난	私は	20 会話
날	日	8 会・練
날씨	天気、天候	17 会・練
남	南	7 文・練
남동생	弟	発音
남자	男、男性	発音
남자친구	ボーイフレンド、彼氏	10 会話
남쪽	南側	7 文・練
남편	夫	6 文・練
남학생	男子学生	発音
낫다	【動】[ㅅ] 治る	20 文法
낫다	【形】[ㅅ] 優れている、良い	20 文法
낮	昼	発音
낮잠	昼寝	発音
내	私の、僕の	7 会話
내가	私が、僕が	6 文法
내다	出す	9 会話
내리다	降りる、降ろす、降る	14 文・練
내용	内容	19 文・練
내일	明日	9 会話
냉동	冷凍	発音
냉면	冷麺	9 文・練
너	おまえ、君	6 文法
너무	とても、あまりにも	16 会・練
너희	おまえたち、君たち	6 文法
넋	魂	発音
넓다	広い	11 文・練
넓히다	広げる	発音
네	はい	7 会話
네	四つの	発音
네가	おまえが、君が	6 文法
넷	四つ	発音
년	年	発音
노란색	黄色	7 文・練
노래 (하)	歌	8 文・練
노래방	カラオケボックス	8 文・練
노트	ノート	発音
놀다	遊ぶ	8 文・練
농구	バスケットボール (籠球)	6 文・練
높다	高い	18 文法
놓다	置く	発音
누가	誰が	10 会・練
누구	誰	発音
누나	姉 (年下男性からみて)	6 文法
누르다	[르] 押す	15 文・練
눈	目	12 文・練
눈	雪	18 文・練
뉴스	ニュース	16 文・練
는	～は	6 文・練
늘다	増える、上達する、伸びる	19 会話
늦다	遅い	14 文法
늦잠	寝坊	14 文法

ㄷ

다	すべて、ほとんど	16 文・練
다가오다	近づく、迫る	19 会・練
다니다	通う	10 文・練
다르다	[르] 異なる、違う	15 文・練

다른	別の～、異なる～	18 文法
다리	脚	11 会話
다섯	五つ、五つの	発音
다음	次、次の	10 会・練
다음주	来週、翌週	17 会・練
다이빙	ダイビング	19 会・練
닦다	磨く、拭く	発音
단어	単語	発音
단체	グループ、団体	18 文・練
단합대회	団結大会、(親睦を深めるための) 飲み会	12 会話
닫다	閉める	14 文・練
달	月	発音
달다	甘い	13 文・練
달력	カレンダー	8 会・練
달리다	走る	10 文・練
닭	鶏	発音
닭강정	チキンの甘辛煮	9 文・練
담그다	漬ける、醸造する	9 文・練
담배	タバコ	発音
답장	返事、返信	15 文・練
당기다	【他動】引く 【自動】魅かれる、そそられる	12 会話
대구	大邱 (韓国の地名)	10 文・練
대만	台湾	9 文・練
대사관	大使館	10 文・練
대전	大田 (韓国の地名)	10 文・練
대학교	大学	6 会・練
대학생	大学生	6 文・練
대한민국	大韓民国 (韓国)	9 文・練
대화	対話	発音
댁	집 (家) の敬語	16 文法
더	もっと、さらに	12 会・練
더럽다	汚い	18 会・練
덥다	[ㅂ] 暑い	8 文・練
덫	罠	発音
도	～も	8 会話
도깨비	鬼	発音
도끼	斧	発音
도둑	泥棒	発音
도서관	図書館	7 文・練
도시락	お弁当	12 文・練
도움	助け	10 文・練
도착 (하 / 되)	到着	17 文法
도토리	どんぐり	発音
독서	読書	6 文・練
독일	ドイツ	発音
독특하다	独特だ、ユニークだ	19 文・練
돈	お金	11 文・練
돕다	[ㅂ] 助ける、手伝う	18 文法
동	東	7 文・練
동생	弟、妹	6 文・練
동아리	サークル、部活動	8 会話
동안	間、期間	13 会・練
동쪽	東、東方	7 文・練
돼지	豚	13 文法
되다	なる、できる	10 文・練
된장찌개	みそ鍋、みそチゲ	9 文・練
두	二つの	発音
두다	置く	20 会・練
둘	二つ	発音
둘이	二人	13 会・練
둘이서	二人で	13 会話

뒤	後ろ、後	7 文・練
드라마	ドラマ	11 文・練
드라이브	ドライブ	6 文・練
드레스	ドレス	11 会・練
드리다	주다 (あげる) の敬語	19 会話
드시다	먹다 (食べる)、마시다 (飲む) の敬語	16 文法
듣다	[ㄷ] 聞く、効く	8 文・練
～들	～たち	7 文・練
들다	上げる、持つ	12 会・練
들다	(お金が、努力が) かかる	8 会話
들어가다	入っていく	11 文・練
등	背	12 文・練
등산	登山、山登り	6 文・練
디자이너	デザイナー	6 会・練
따다	採る、摘む、ちぎる	発音
따뜻하다	暖かい	発音
따르다	[르] 従う	15 文・練
딱	ぴたりと	15 会・練
딸	娘	6 文・練
때	時	20 文法
때문	～のせい、ため	14 会話
떡볶이	トッポッキ	9 文・練
또	また	発音
똑같다	まったく同じだ	18 文法
뛰다	走る、はねる	16 文・練
뜻	意味、意志	17 会話

ㄹ

라고 하다	～と言う	13 会話
라디오	ラジオ	8 文・練
량강도 (양강도)	両江道 (北朝鮮の地名)	10 文・練
러	(移動の目的を表す) ～に	17 会話
러시아	ロシア	9 文・練
럭비	ラグビー	6 文・練
로	(手段、材料) ～で	9 文法
를	～を	8 文法
리포트	レポート	9 会話

ㅁ

마당	庭	16 文・練
마르다	[르] 乾く, 渇く	15 文・練
마리	匹、頭、羽	発音
마스크	マスク	19 文・練
마시다	飲む	9 文・練
마음	心	11 文・練
마중 (하)	迎え、出迎え	18 文・練
마치다	終わる、終える	9 文・練
마트	大型スーパーマーケット	10 文・練
막	幕	発音
막히다	詰まる、塞がる	19 会・練
만	だけ、ばかり	13 文・練
만	万	発音
만나다	会う	発音
만들다	作る	8 文・練
만지다	触る、触れる	15 文法
만화	漫画	18 文・練
많다	多い	発音
많이	多く、たくさん	発音
맏형	長兄	発音
말	言葉	発音
말	馬	13 文法
말고	～ではなくて	15 会・練
말레이시아	マレーシア	9 文・練

말씀 (하)	말 (言葉) の敬語	16 文法
말하다	言う、話す	発音
맑다	澄んでいる、晴れる	18 文・練
맛	味	発音
맛있다	美味しい	9 文・練
맞다	合う	15 会・練
맞히다	(的に) 当てる	発音
매일	毎日	9 会・練
맥주	ビール	9 文・練
맵다	[ㅂ] 辛い	発音
머리	頭、髪	10 文・練
머리띠	ヘアバンド、カチューシャ	発音
먹다	食べる	9 文・練
먼저	先に、最初に、まず	14 会・練
멀다	遠い	14 文・練
멋 (이) 있다	素敵だ、格好いい	19 会・練
메일	メール	15 文・練
멕시코	メキシコ	9 文・練
며칠	何日	発音
명	~名	発音
명동	明洞 (ソウルの地名)	17 文・練
몇	いくつの、何の	発音
모두	すべて、全部、全部で	7 会・練
모듬	合わせ	12 会話
모레	あさって	20 会・練
모르다	[르] 知らない	14 会・練
모임	集まり、会合	8 会・練
목	喉、首	12 文・練
목요일	木曜日	8 文法
목욕 (하)	入浴、風呂	9 会・練
몫	取り分	発音
몸	体	発音
못	くぎ	発音
못하다	できない	発音
무겁다	[ㅂ] 重い	9 文・練
무늬	模様	発音
무대	舞台、ステージ	17 会・練
무료	無料	14 文・練
무리 [하]	無理	16 会・練
무릎	ひざ	12 文・練
무슨	何の	7 文法
무엇	何	7 文法
문	ドア、門	17 文法
문자	ショートメール、文字	17 文法
문제	問題	18 文・練
문학	文学	発音
문화	文化	13 会・練
묻다	[ㄷ] 尋ねる、問う	16 文・練
묻다	埋める	16 文・練
물	水	発音
물건	品物、物	18 文法
뭐	何 (무엇の略)	発音
미국	アメリカ	6 会・練
미닫이	引き戸	発音
미리	前もって	18 文・練
미만	未満	14 文・練
미술관	美術館	10 文・練
미안하다	すまない	15 会・練
미역국	わかめスープ	11 会・練
믿다	信じる	16 文法
밑	下	7 文・練

ㅂ

바꾸다	交換する、変える	12 文・練
바다	海	発音
바르다	[르] 塗る	15 文・練
바쁘다	[으] 忙しい	14 文法
바지	ズボン	発音
박	~泊	13 会・練
박	朴 (名字、姓)	発音
박물관	博物館	10 文・練
박사	博士	発音
밖	外	発音
밖에	~しか (否定表現)	15 文・練
반	半分、半	発音
반갑다	[ㅂ] 懐かしい、嬉しい	発音
반납 (하)	返却、返納	15 文・練
반드시	必ず、きっと	15 会・練
받다	受け取る、受ける、もらう	発音
발	足	発音
발음	発音	発音
발표 (하)	発表	10 会・練
밝다	明るい	発音
밤	夜、栗	発音
밥	飯、ご飯	発音
밥그릇	茶碗	20 文・練
방	部屋	発音
방송국	放送局	10 文・練
방학	(学校の長期) 休み	8 会・練
밭	畑	発音
배	腹	12 文・練
배고프다	[으] 空腹だ	14 文・練
배구	バレーボール (排球)	6 文・練
배달 (하)	配達	18 会・練
배우	俳優	12 文・練
배우다	学ぶ、習う	10 文・練
배추	白菜	9 文・練
배탈	腹痛、食あたり	14 文・練
백	百	発音
백반	白ご飯、ご飯を中心とする定食	9 文・練
백화점	デパート、百貨店	発音
뱀	ヘビ	13 文法
버스	バス	9 会・練
버스정류장	バス停	16 会・練
버스터미널	バスターミナル	8 文・練
버튼	ボタン	15 会・練
번	~番、~回	発音
번호	番号	発音
벌써	もう、すでに	17 文・練
범	トラ	13 文法
법	法	6 会・練
법률	法律	発音
법학	法学	6 文・練
벗다	脱ぐ	11 文・練
벚꽃	桜の花	10 文・練
벚나무	桜	発音
벽	壁	19 会・練
변호사	弁護士	12 文・練
별	星	発音
병	~本 (瓶)	発音
병원	病院	10 文・練
보내다	送る、届ける	9 文法
보다	見る	9 文法
보다	~より	18 文・練
보쌈	ポッサム (包んで食べる料理)	9 文・練

보이다	見える、見せる	12 文・練
보통	普通	11 会・練
복	福	発音
복습 (하)	復習	19 会・練
복잡하다	複雑だ	発音
볼링	ボーリング	6 文・練
볼일	用事、用件	15 会・練
볼펜	ボールペン	9 会話
봄	春	発音
뵙다	お目にかかる（만나다の敬語）	発音
부동산중개소	不動産屋	17 会・練
부딪히다	ぶつかる	発音
부르다	[르] 呼ぶ、歌う、満腹だ	8 文・練
부모님	ご両親	8 会・練
부부	夫婦	発音
부산	釜山（韓国の地名）	8 文・練
부엌	台所	発音
부자	金持ち	9 文法
부침개	チヂミ	12 会話
부탁 (하)	依頼、お願い	6 会・練
부터	～から	8 文法
북	北	7 文・練
북쪽	北、北方	7 文・練
분	사람（人）の敬語	16 文法
분	～分	発音
분위기	雰囲気	19 文・練
불고기	プルコギ、焼肉	9 文・練
불편하다	不便だ、体調が悪い	14 文・練
붕어빵	たい焼き	9 文・練
붙이다	貼る	発音
비	雨	発音
비결	秘訣	18 文法
비누	石けん	9 文・練
비밀	秘密	7 文・練
비빔밥	ビビンバ	9 文・練
비서	秘書	12 文・練
비싸다	（値段が）高い	14 文・練
비행기	飛行機	20 文・練
빌리다	借りる	12 文・練
빠르다	[르] 速い	10 文・練
빨갛다	[ㅎ] 赤い	発音
빨래 (하)	洗濯	15 文法
빨리	はやく、急いで	10 文・練
빵	パン	7 文法
뼈	骨	発音

ㅅ

사	4	発音
사거리	交差点、四つ角	17 会・練
사과 (하)	謝罪	16 会話
사다	買う	発音
사람	ひと	発音
사랑 (하)	愛、愛情	発音
사용 (하)	使用	20 文・練
사이	仲、間	7 文・練
사장님	社長	16 文法
사전	辞典、辞書	14 文法
사진	写真	発音
사촌	いとこ	6 文・練
사회	社会	発音
산	山	発音
살	歳	発音
살다	生きる、住む、暮らす	7 会・練
살찌다	太る	18 文・練
삶다	ゆでる	発音
삼	3	発音
삼겹살	サムギョプサル（豚バラ肉）	9 文・練
삼계탕	サムゲタン（参鶏湯）	9 文・練
삼촌	おじ	16 文法
삼호선	3 号線	発音
상	賞	発音
상학부	商学部	6 会・練
샅샅이	くまなく	発音
새	新しい～	18 会・練
새집	新居、新築の家	18 会・練
색	色	7 文・練
생각 (하)	考え、気持ち、意図	発音
생기다	できる、生じる	20 文・練
생맥주	生ビール	12 会話
생신	생일（誕生日）の敬語	16 文法
생일	誕生日	発音
샤워 (하)	シャワー	9 会・練
서	西	7 文・練
서	【助詞】（人の人数）～で	13 会話
서녘	西方面	発音
서다	立つ、とまる	8 文・練
서두르다	[르] 急ぐ、あせる	18 文法
서울	ソウル（韓国の地名）	8 文・練
서점	書店	16 文・練
서쪽	西側	7 文・練
선물 (하다)	プレゼント、お土産	8 文・練
선생님	先生	6 文法
선수	選手	6 文・練
설날	元旦、お正月	発音
성함	이름（名前）の敬語	16 文法
세	三つの	発音
세	～歳	14 文・練
세다	数える	12 文法
세수 (하)	洗面、洗顔	9 会・練
세우다	立てる、建てる、（車を）止める	14 文・練
세탁소	クリーニング屋	14 会・練
셋	三つ	発音
소	牛	13 文法
소설	小説	11 会・練
소파	ソファー	15 文法
소포	小包	14 会・練
속	中、奥	7 文・練
속달	速達	20 会・練
속도	スピード	16 文・練
손	手	発音
손녀	孫娘	6 文・練
손자	孫	6 文・練
솔직히	率直に	16 会話
쇼핑 (하)	買い物、ショッピング	6 会・練
수도	首都	18 文法
수업	授業	発音
수영 (하)	水泳	6 文・練
수요일	水曜日	8 文法
숙박 (하)	宿泊	発音
숙제 (하)	宿題	発音
순두부찌개	スンドゥブ鍋、スンドゥブチゲ	9 文・練
숟가락	スプーン	発音
술	酒	10 文・練
술집	飲み屋、居酒屋	12 会話
쉬다	休む	9 文・練
쉽다	[ㅂ] 容易だ、易しい、簡単だ	9 文・練

슈퍼	スーパーマーケット	18 会・練
스노보드	スノーボード	20 会話
스릴	スリル	18 会話
스마트폰	スマートフォン	19 文・練
스무	二十の	発音
스물	二十（固有語数詞）	発音
스웨터	セーター	発音
스키	スキー	6 文・練
스키장	スキー場	20 会話
스파이	スパイ	18 会話
스포츠	スポーツ	発音
슬프다	[으] 悲しい	14 文・練
시	～時	発音
시간	時間	発音
시계	時計	発音
시끄럽다	[ㅂ] うるさい	18 文・練
시월	10月	11 会話
시작되다	始まる	12 文・練
시작하다	始める	13 文・練
시청	市役所	10 文・練
시험 (하)	試験	8 会・練
식당	食堂	発音
식물	植物	発音
식사 (하)	食事	9 文・練
신다	履く	11 文・練
신라	新羅	発音
신문	新聞	16 文・練
신발	靴、履物全般	発音
신용카드	クレジットカード	12 会・練
신인	新人	発音
신학부	神学部	6 会・練
싣다	[ㄷ] 載せる	16 文・練
실내	室内	発音
실력	実力	11 会話
실례 [하]	失礼	17 会・練
싫다	嫌いだ	発音
싫어하다	嫌う、嫌がる	18 文法
심리	心理	発音
심볼	シンボル	18 文・練
십	10	発音
싱가폴	シンガポール	9 文・練
싸다	（値段が）安い	発音
싸우다	喧嘩する、争う	12 文・練
쌀쌀하다	肌寒い、冷淡だ	10 会・練
쏘다	打つ、刺す、おごる	17 会話
쏟다	こぼす	16 文・練
쓰다	[으] 書く	9 会話
쓰다	[으] 使う	14 文・練
쓰레기	ごみ	発音
씨	氏、～さん	6 会話
씻다	洗う	9 文・練

ㅇ

아기	赤ちゃん	発音
아까	さっき	15 会・練
아내	妻	6 文・練
아니다	【指定詞】（～では）ない	6 文法
아니다	違う	11 会話
아니요	いいえ	6 会話
아들	息子	6 文・練
아래	下、下部	7 文・練
아르바이트	アルバイト	8 会・練
아름답다	[ㅂ] 美しい	10 文・練
아마	恐らく、多分	20 文・練
아무 데	（否定）どこ	12 文・練
아무도	誰も	20 文・練
아버지	父、お父さん	発音
아빠	パパ、お父さん	発音
아이	子供	発音
아이돌	アイドル	11 会話
아저씨	おじさん	発音
아주	とても、非常に	発音
아직	まだ	13 会・練
아침	朝、朝食	8 文法
아파트	アパート、マンション	発音
아프다	[으] 痛い	9 文・練
아홉	九つ、九つの	発音
악몽	悪夢	発音
안	中、内	7 文・練
안경	眼鏡	7 文・練
안내 (하)	案内	20 文・練
안녕 [하]	元気、無事	発音
안동	安東（韓国の地名）	19 会・練
안되다	だめだ、うまく行かない	17 文法
안색	顔色	18 会・練
앉다	座る	発音
않다	【動詞】ない	発音
알다	知る、知っている	発音
알리다	知らせる	18 文・練
앞	前	7 文・練
앞날	将来	発音
애	아이（子供）の縮約形	発音
애인	恋人、彼女、彼氏	8 文・練
야구	野球	6 文・練
야외	野外	発音
약	薬	9 文・練
약국	薬局	発音
약사	薬剤師	12 文・練
약속	約束	発音
양	量	11 文・練
양	羊	13 文法
양념	ヤンニョム（合わせ調味料）、たれ、ソース	12 会話
양념치킨	ヤンニョム（甘辛たれ）チキン	9 文・練
얘	이 아이（この子）の略	発音
어깨	肩	12 文・練
어느	どの	6 会・練
어드바이스	アドバイス	16 会話
어디	どこ、どこに	発音
어때요	どうですか	発音
어떤	どんな	11 会・練
어떻게	どのように、どうやって	9 会・練
어떻다	[ㅎ] どうだ	9 会・練
어렵다	[ㅂ] 難しい、貧しい、近寄りがたい	9 会・練
어린이	子ども	9 文・練
어머니	母	6 文法
어울리다	似合う	12 文・練
어제	昨日	13 文・練
어젯밤	昨夜	19 文・練
어학연수	語学研修	10 会・練
어휴	【感嘆詞】もう、やれやれ	11 会話
억	億	発音
언니	姉（年下女性からみて）	6 文・練
언제	いつ	発音
언제나	いつも、しょっちゅう	18 会・練
얹다	載せる	発音
얻다	得る	16 文・練

얼굴	顔	発音
얼굴색	顔色	18 会・練
얼마	いくら（値段、量）	発音
얼마나	どれぐらい、どんなに	発音
엄마	ママ、お母さん	6 文・練
업무	業務	発音
없다	ない、いない	7 文法
엉덩이	おしり	12 文・練
에	〜に	7 文法
에게	（人）〜に	9 文法
에서	（場所）〜で	8 文法
에어컨	エアコン	14 文・練
에이	A	発音
엔	円	12 文・練
엔지니어	エンジニア	6 会・練
여객 터미널	旅客ターミナル	10 文・練
여기	ここ、ここに	7 文法
여덟	八つ、八つの	発音
여동생	妹	6 文・練
여름	夏	発音
여보세요	もしもし	発音
여섯	六つ、六つの	発音
여우	キツネ	発音
여유	余裕	発音
여자친구	ガールフレンド、彼女	16 会話
여행 (하)	旅行	6 文・練
역	駅	10 文・練
역시	やはり	13 会話
역할	役割	発音
연구실	研究室	15 会話
연락 (하)	連絡	発音
연세	나이（とし）の敬語	16 文法
연습 (하)	練習	10 文・練
연애 (하)	恋愛	発音
연예인	芸能人	12 文・練
연필	鉛筆	15 文・練
연휴	連休	13 会・練
열	熱	16 会・練
열	十	発音
열네	14 の（固有語）	発音
열넷	14（固有語）	発音
열다	開く、開ける	発音
열다섯	15、15 の（固有語）	発音
열두	12 の（固有語）	発音
열둘	12（固有語）	発音
열세	13 の（固有語）	発音
열셋	13（固有語）	発音
열심히	一生懸命、熱心に	発音
열아홉	19、19 の（固有語）	発音
열여덟	18、18 の（固有語）	発音
열여섯	16、16 の（固有語）	発音
열일곱	17、17 の（固有語）	発音
열하나	11（固有語）	発音
열한	11 の（固有語）	発音
영국	イギリス	9 文・練
영어	英語	7 会・練
영화	映画	発音
영화감상	映画鑑賞	6 文・練
영화관	映画館	10 文・練
옆	横	発音
옆방	隣の部屋	発音
예	はい	発音
예쁘다	[으] きれいだ、美しい	9 文・練
예의	礼儀	発音
예정	予定	20 文・練
옛날	昔	発音
오	5	発音
오늘	今日	発音
오늘날	こんにち	発音
오다	来る、降る	8 文・練
오래	長く、古く	15 会話
오르다	[르] 登る、上がる	15 文・練
오른쪽	右、右側	7 文・練
오빠	兄（年下女性からみて）	6 文・練
오이	キュウリ	発音
오전	午前	8 文法
오해 (하)	誤解	17 会話
오후	午後	発音
올라가다	あがって行く	18 文・練
올리다	上げる、挙げる	19 文・練
올해	今年	発音
옰	報い	発音
옷	服	7 文・練
옷장	洋服ダンス	発音
와	〜と	7 文法
와이셔츠	ワイシャツ	発音
왜	なぜ	発音
외곬	一筋	発音
외국	外国	10 文・練
외국사람	外国の人	9 文・練
외국어	外国語	6 会・練
외국인	外国人	9 文・練
외삼촌	おじさん（母の兄や弟）	6 文・練
외우다	覚える	発音
왼쪽	左、左側	7 文・練
요금	料金	12 文・練
요리 (하)	料理	6 文・練
요리사	コック	12 文・練
요일	曜日	8 文法
요즘	最近	11 文・練
용	龍	13 文法
용서 (하)	許し	17 会話
우리	我々	6 文法
우산	雨傘	発音
우아 [하]	優雅	発音
우애	友愛	発音
우유	牛乳	発音
우의	雨ガッパ	発音
우체국	郵便局	7 文・練
운동 (하)	運動	発音
운전 (하)	運転	9 文・練
운전학원	自動車学校	10 文・練
울다	泣く	13 文・練
울산	蔚山（韓国の地名）	10 文・練
움직이다	動く、動かす	15 会・練
웃다	笑う	13 文・練
워터	ウォーター	発音
원	ウォン（通貨）	発音
원숭이	猿	13 文法
월	月	発音
월드컵	ワールドカップ	発音
월요일	月曜日	8 会話
위	上	発音
유도	柔道	発音
유명 [하]	有名だ	19 会・練
유아	幼児	発音

유월	6月	8 会話
유자차	柚子茶	発音
유튜버	ユーチューバー	6 文・練
유학생	留学生	発音
육	6	発音
윷놀이	ユンノリ（韓国版すごろく）	発音
으로	（手段、材料）～で	9 文法
은	～は	6 文法
은행	銀行	発音
을	～を	8 文法
읊다	詠む	発音
음력	陰暦	13 会・練
음료수	ソフトドリンク	発音
음식	食べ物	10 会話
음악	音楽	発音
음향	音響	発音
응모 (하)	応募	15 文・練
의	～の	8 会・練
의미	意味	17 会話
의사	医者、医師	発音
의외	意外	発音
의자	椅子	発音
이	2	発音
이	歯	発音
이	～が	6 文・練
이	この	7 文法
이거	これ、이것の縮約形	発音
이것	これ	7 文法
이다	【指定詞】～だ、である	6 会話
이렇다	[ㅎ] こうだ、このようだ	19 文・練
이름	名前	6 文・練
이모	おばさん（母の姉や妹）	6 文・練
이메일	E メール	14 文法
이번	今度、今回	15 文・練
이사 (하)	引っ越し、移転	18 会・練
이상	以上	17 文・練
이야기 (하/되)	話、物語	10 会話
이유	理由	発音
이전	以前、かつて	19 会・練
이제	今、もう	17 会話
인도	インド	9 文・練
인도네시아	インドネシア	9 文・練
인분	人前	発音
인사 (하)	あいさつ	発音
인스타그램	インスタグラム	19 文・練
인천	仁川（韓国の地名）	10 文・練
인터넷	インターネット	17 会・練
인형	人形	18 文・練
일	1	発音
일	日	発音
일 (하)	仕事、こと	9 会・練
일곱	七つ、七つの	発音
일본	日本	発音
일본말	日本の言葉	13 会・練
일본사람	日本の人	6 会・練
일본어	日本語	13 会・練
일어나다	起きる	9 会・練
일요일	日曜日	8 文法
일컫다	[ㄷ] 称する	16 文・練
읽다	読む	発音
잃다	失う	発音
입	口	発音
입구	入口	発音
입니다	～です	発音
입다	着る	11 文・練
입맛	食欲	発音
입시	入試	発音
입원 (하)	入院	発音
입학 (하)	入学	発音
있다	ある、いる	発音
잎	葉	発音

ㅈ

자강도	慈江道（北朝鮮の地名）	10 文・練
자다	寝る、眠る	発音
자료	資料	14 会・練
자르다	[르] 切る	17 会・練
자리	席、場所	17 会・練
자전거	自転車	8 会・練
자주	しょっちゅう、しばしば	発音
작년	去年、昨年	発音
작다	小さい、背が低い	発音
작은아버지	叔父さん（父の弟）	6 文・練
작품	作品	18 文・練
잔	～杯	発音
잘	よく、上手に	発音
잘하다	上手だ	15 文・練
잠시	しばらくの間	12 会・練
잡곡	雑穀	19 文法
잡수시다	먹다（食べる）、마시다（飲む）の敬語	16 文法
잡지	雑誌	発音
잡채	チャプチェ	9 文・練
장마	梅雨	19 文・練
재미있다	面白い	9 会・練
재일교포	在日コリアン	6 文・練
저	私	6 文法
저	あの	7 文法
저거	あれ	7 文法
저것	あれ	7 文法
저기	あそこ、あそこに	7 文法
저녁	夕方、夕食	8 文法
저쪽	あちら、あっち	7 文法
저희	私ども	6 文法
적	（経験したことに対する）とき、こと	19 文法
적극적	積極的	19 会話
적다	書く	15 文・練
적다	少ない	11 文・練
적당 [하]	適当、ちょうど良い	18 会・練
전	前	9 文・練
전공 (하)	専攻	6 文・練
전라남도	全羅南道（韓国の地名、전남と略する）	10 文・練
전라도	全羅道（韓国の地名）	10 会話
전라북도	全羅北道（韓国の地名、전북と略する）	10 文・練
전시회	展示会	8 会話
전업주부	専業主婦	12 文・練
전화 (하)	電話	発音
전화번호	電話番号	17 文・練
젊다	若い	発音
젊은이	若者	発音
점심	昼食、昼	8 文法
젓가락	箸	発音
젓다	[ㅅ]（かき）混ぜる、かき回す	20 文法
정도	ぐらい、程度	12 文・練
정류장	停留場	発音
정리 (하)	整理	14 会・練
정말	本当、本当に	13 会話

정문	正門	7 会・練
정원	庭園、庭	18 文法
정장	スーツ	15 文・練
제	私の	6 会話
제가	私が	6 文法
제목	タイトル	19 文・練
제일	最も、一番	14 会・練
제주도	済州島（韓国の地名）	10 文・練
제출 (하)	提出	9 会話
제출일	提出日	9 会話
조금	ちょっと、少し	10 文・練
조깅	ジョギング	6 文・練
조선민주주의 인민공화국	朝鮮民主主義人民共和国	10 文・練
조심 [하]	注意、用心	17 文法
조용 [하]	静か	9 文・練
조카	甥、姪	6 文・練
졸다	居眠りする	16 文法
졸업 (하)	卒業	9 文・練
좀	少し、ちょっと、しばらく、조금の略	14 会話
좀처럼	なかなか～（否定表現）	16 会・練
좁다	狭い	11 文・練
종로	鐘路（ソウルの地名）	発音
종이	紙	発音
좋다	【形】よい、好きだ	発音
좋아하다	【動】好む、好きだ	9 文・練
죄송하다	申し訳ない	15 会・練
주	週	20 会・練
주다	あげる、やる、くれる	12 会話
주말	週末	8 文法
주무시다	자다（寝る）の敬語	16 文法
주문 (하)	注文	12 会・練
주부	主婦	10 文・練
주소	住所	14 文・練
주의 [하]	注意、用心	20 文・練
주일	～週間	発音
주차장	駐車場	7 文・練
준비 (하)	準備	8 会話
중	～中	16 文法
중국	中国	発音
중학생	中学生	6 文・練
쥐	ねずみ	13 文法
즐겁다	[ㅂ] 楽しい	18 会・練
지각 (하)	遅刻	14 文法
지갑	財布	7 文・練
지구	地球	発音
지금	今	9 会話
지난달	先月	8 文法
지난주	先週	8 文法
지내다	過ごす	12 文・練
지도	地図	10 文・練
～지만	～けど、けれど	9 文法
지방	地方	16 会・練
지키다	守る	15 文法
지하철	地下鉄	9 会・練
지혜	知恵	発音
직업	職業	6 文・練
직원	職員	13 文・練
직접	直接	20 文・練
직행	直行	発音
질문 (하)	質問	18 文法
짐	荷物	15 文・練
집	家	発音
짓다	[ㅅ] 炊く、建てる、(名前) 付ける	20 文・練
짚	藁	発音
짜다	塩辛い、しょっぱい	発音
짜장면	ジャージャー麺（韓国式中華麺）	9 文・練
짧다	短い	発音
째	～目	16 会・練
쪽	～方、～側、～方面	7 文・練
찌개	鍋料理	発音
찍다	（写真を）撮る	8 文・練

ㅊ

차	車	7 文・練
차다	蹴る	9 文・練
차다	冷たい	発音
참다	我慢する、耐える	15 文法
창문	窓	15 文法
찾다	探す、見つける	8 文・練
찾아오다	取り返しに来る、訪れる	14 会・練
책	本	発音
책상	机	7 文・練
처음	初めて	発音
천	千	発音
철학	哲学	発音
청바지	ジーパン	11 文・練
청소 (하)	掃除	9 文・練
체육관	体育館	8 文法
체험 (하)	体験	13 会・練
초등학생	小学生	6 文・練
총무	幹事	15 会・練
추다	踊る	10 文・練
추석	秋夕（チュソク）	13 会・練
축구	サッカー	6 文・練
축하 (하)	祝賀、祝い	発音
출구	出口	7 文・練
출근 (하)	出勤	20 文・練
출발 (하)	出発	17 会・練
춤	ダンス、踊り	10 文・練
춥다	[ㅂ] 寒い	9 文・練
충청남도	忠清南道（韓国の地名、충남と略する）	10 文・練
충청북도	忠清北道（韓国の地名、충북と略する）	10 文・練
취미	趣味	6 文・練
층	～階	発音
치다	（試験）受ける、（テニス）する	10 会・練
치료	治療	9 文・練
치마	スカート	発音
치맥	フライドチキン（치킨）とビール（맥주）	12 会話
치킨	チキン	9 文・練
친구	友達	発音
친절 [하]	親切	18 文法
칠	7	発音

ㅋ

카네이션	カーネーション	9 文・練
카드	カード	20 文・練
카카오	カカオ	発音
카페	カフェ	7 文・練
칼국수	カルグクス（韓国式きし麺うどん）	9 文・練
캄보디아	カンボジア	発音
캐나다	カナダ	9 文・練
커피	コーヒー	発音
컴퓨터	コンピューター	9 会話
케이크	ケーキ	発音
켜다	（明かりや電気製品などを）つける	12 文法

코	鼻	発音
코미디	コメディー	11 会・練
코트	コート	17 会・練
콘서트	コンサート	20 文・練
콜라	コーラ	10 会・練
콧물	鼻水	発音
크다	[으] 大きい、背が高い	8 文・練
큰아버지	伯父さん (父の兄)	6 文・練
클래식	クラシック	11 会・練
키	背	9 文・練

ㅌ

타다	乗る	発音
태국	タイ	9 文・練
태권도	テコンド	13 文・練
택시	タクシー	発音
탤런트	タレント	12 文・練
터미널	ターミナル	10 文・練
테니스	テニス	発音
텔레비전	テレビ	9 会・練
토끼	ウサギ	発音
토마토	トマト	発音
토요일	土曜日	8 文法
튀김	天ぷら	9 文・練
티비 (TV)	テレビ	9 文・練
티켓	チケット	8 会話

ㅍ

파	ねぎ	発音
파전	ねぎのチヂミ	9 文・練
파티	パーティー	発音
팔	腕	12 文・練
팔	8	発音
팔다	売る	8 文・練
팝콘	ポップコーン	18 会話
팥빙수	パッピンス (カキ氷)	発音
편리 [하]	便利	発音
편의점	コンビニエンスストア	11 文・練
편지	手紙	10 文・練
편하다	楽だ、便利だ	18 文・練
평소	普段、普通	16 会・練
평안남도	平安南道 (北朝鮮の地名)	10 文・練
평안북도	平安北道 (北朝鮮の地名)	10 文・練
평양	平壌 (北朝鮮の地名)	10 文・練
평일	平日	11 文・練
평화	平和	発音
포도	ぶどう	発音
포장	包装	12 会・練
표	切符、チケット、票、券	20 会・練
푹	ぐっすり、ゆったり	13 文・練
프라이드치킨	フライドチキン	9 文・練
프랑스	フランス	6 会・練
프로게이머	プロゲーマー	12 文・練
프린터	プリンター	15 会・練
피	血	発音
피곤하다	疲れている	17 文・練
피부	肌	18 文・練
피아노	ピアノ	発音
피우다	吸う	17 文法
피팅룸	試着室	15 会・練
피해	被害	20 文・練
필리핀	フィリピン	9 文・練
필요 [하]	必要	17 文・練

ㅎ

하고	～と	7 会・練
하나	一つ	発音
하늘	空	18 文法
하다	する	8 文・練
하루	一日	19 文法
하얗다	[ㅎ] 白い	19 文・練
하지만	しかし、けれども	7 会話
하회탈춤	ハフェタルチュム (安東の仮面踊り)	19 会・練
학교	学校	発音
학년	学年、～年生	発音
학력	学歴	発音
학생	学生、生徒、児童	発音
학생홀	学生ホール	13 会話
학원	塾、予備校、教習所	発音
한	一つの	発音
한국	韓国	発音
한국말	韓国の言葉	発音
한국사람	韓国の人	6 文・練
한국어	韓国語	9 会・練
한국인	韓国人	発音
한글	ハングル	18 会・練
한반도	韓半島、朝鮮半島	10 文・練
한번	一回、一度	13 文・練
한복	韓服 (チマチョゴリ)	13 文・練
한옥	韓屋 (韓国の伝統家屋)	19 会・練
한일	韓日	発音
한테	(人、動物) ～に	9 文法
할머니	おばあさん	6 文・練
할아버지	おじいさん	6 文・練
핥다	なめる	発音
함경남도	咸鏡南道 (北朝鮮の地名)	10 文・練
함경북도	咸鏡北道 (北朝鮮の地名)	10 文・練
합격	合格	発音
합니다	～します	発音
합숙	合宿	13 会・練
핫도그	アメリカンホットドッグ	9 文・練
해돋이	日の出	発音
햇볕	日光	発音
허리	腰	12 文・練
헤어지다	別れる、離れる	14 会・練
협력	協力	発音
협회	協会	発音
형	兄 (年下男性からみて)	発音
형제	兄弟	発音
호떡	ホットク	9 文・練
호랑이	トラ	13 文法
호선	～号線	18 文・練
호주	オーストラリア	9 文・練
호텔	ホテル	10 文・練
혹시	もし、もしかして	10 会話
혼자	一人	8 会・練
훑다	すすぎ落とす	発音
홍차	紅茶	12 会・練
홍콩	香港	9 文・練
화가	画家	19 会・練
화가 나다	【慣用表現】怒る (おこる)	17 会話
화나다	怒る、腹が立つ	15 会話
화를 내다	【慣用表現】怒る (いかる)	16 会話
화요일	火曜日	8 文法
화장 (하)	化粧	9 会・練
화장실	トイレ	発音
화해 (하)	和解、仲直り	16 会話

확인 (하)	確認	17 文法
환전소	両替所	10 文・練
황해남도	黃海南道（北朝鮮の地名）	10 文・練
황해북도	黃海北道（北朝鮮の地名）	10 文・練
회관	会館	8 会話
회사	会社	9 会・練
회사원	会社員	6 文法
회의	会議	発音
횡단보도	横断歩道	16 会・練
후	後	17 会・練
후보	候補	発音
훨씬	はるかに、ずっと	18 文・練
휴가	休暇	17 文法
휴대폰	携帯電話	7 文・練
흐르다	[르] 流れる	15 文・練
흰색	白（色）	発音
힘들다	大変だ、辛い	11 会・練

アルファベット

KTX	KTX（韓国高速鉄道）	10 文・練
PC 방	ネットカフェ	10 文・練

単語索引（日ー韓）

あ

愛、愛情	사랑 (하)	発音
あいさつ	인사 (하)	発音
間（～の）（時間的）	동안	13 会・練
間	사이	13 文・練
アイドル	아이돌	11 会話
会う	만나다	発音
合う	맞다	15 会・練
あえて	굳이	発音
赤い	빨갛다	発音
赤ちゃん	아기	発音
上がって行く	올라가다	18 文・練
上がる	오르다	15 文・練
明るい	밝다	発音
秋	가을	発音
悪夢	악몽	発音
開ける、開く	열다	発音
上げる、挙げる	올리다	19 文・練
あげる、やる	주다	12 会話
朝	아침	8 文・練
あさって	모레	20 会・練
脚	다리	11 会話
足	발	発音
味	맛	発音
明日	내일	9 会話
あそこ、あそこに	저기	7 文・練
遊ぶ	놀다	8 文・練
暖かい	따뜻하다	発音
頭	머리	10 文・練
新しい～	새	18 会・練
あちら、あっち	저쪽	7 会・練
暑い	덥다	8 文・練
集まり、会合	모임	8 会・練
(的に) 当てる	맞히다	発音
後	뒤	7 文・練
アドバイス	어드바이스	16 会話
兄（年下女性からみて）	오빠	6 文・練
兄（年下男性からみて）	형	発音
姉（年下男性からみて）	누나	6 文法
姉（年下女性からみて）	언니	6 文・練
あの	저	7 文・練
アパート、マンション	아파트	発音
甘い	달다	13 文・練
雨傘	우산	発音
雨ガッパ	우의	発音
雨	비	発音
アメリカ	미국	6 会・練
アメリカンホットドッグ	핫도그	9 文・練
洗う	씻다	9 文・練
争う	싸우다	12 文・練
ありがたい	고맙다	発音
ある	있다	発音
歩いて行く	걸어가다	8 文・練
歩く	걷다	16 文法
アルバイト	아르바이트	8 会・練
あれ	저거 , 저것	7 文・練
合わせ	모듬	12 会話
アンドン	안동（安東、韓国の地名）	19 会・練
案内	안내 (하)	20 文・練
いいえ	아니요	6 会話
言う、話す	말하다	発音
家	집	発音
意外	의외	発音
怒る（いかる）	【慣用表現】 화를 내다	16 会話
イギリス	영국	9 文・練
生きる	살다	7 会・練
行く	가다	発音
いくつの、何の	몇	発音
いくら	얼마	発音
医者、医師	의사	発音
以上	이상	17 文・練
椅子	의자	発音
以前、かつて	이전	19 会・練
忙しい	바쁘다	14 文法
急ぐ	서두르다	18 文法
痛い	아프다	9 文・練
1	일	発音
一度	한번	13 文・練
一日	하루	19 文法
いつ	언제	発音
一生懸命	열심히	発音
一緒に	같이	発音
五つ	다섯	発音
いつも	언제나	18 会・練

日本語	韓国語	課
いとこ	사촌	6文・練
いない	없다	7文・練
犬	개	発音
居眠りする	졸다	16文法
今	이제	17会話
今	지금	9会話
意味、意志	뜻	17会話
意味	의미	17会話
妹	여동생	6文・練
依頼	부탁 (하)	6会・練
いらっしゃる	계시다（있다の敬語）	発音
入口	입구	発音
いる	있다	発音
色	색	7文・練
祝い、祝賀	축하 (하)	発音
インスタグラム	인스타그램	19文・練
インターネット	인터넷	17会・練
インチョン	인천 (仁川、韓国の地名)	10文・練
インド	인도	9文・練
インドネシア	인도네시아	9文・練
陰暦	음력	13会・練
上	위	発音
飢える	굶다	発音
ウォーキング	걷기	18文・練
ウォーター	워터	発音
ウォン (通貨)	원	発音
受け取る、受ける	받다	発音
(試験を) 受ける	치다	10会・練
動く、動かす	움직이다	15会・練
ウサギ	토끼	発音
失う	잃다	発音
後ろ	뒤	7文・練
嘘	거짓말	発音
歌	노래 (하)	8文・練
歌う	부르다	8文・練
美しい	아름답다	10文・練
美しい、きれいだ	곱다	18文・練
腕	팔	12文・練
上手くいかない	안되다	17文法
海	바다	発音
埋める	묻다	16文・練
売る	팔다	8文・練
うるさい	시끄럽다	18文・練
ウルサン	울산 (蔚山、韓国の地名)	10文・練
嬉しい	기쁘다	14文法
(会えて) 嬉しい	반갑다	発音
運転	운전 (하)	9文・練
運動	운동 (하)	発音
絵	그림	8文・練
エアコン	에어컨	14文・練
映画	영화	6会・練
映画館	영화관	10文・練
映画鑑賞	영화감상	6文・練
英語	영어	7会・練
描く	그리다	8文・練
駅	역	10文・練
選ぶ	고르다	15文・練
得る	얻다	16文・練
円	엔	12文・練
エンジニア	엔지니어	6会・練
鉛筆	연필	15文・練
甥	조카	6文・練
美味しい	맛있다	9文・練
横断歩道	횡단보도	16会・練
応募	응모 (하)	15文・練
終える	끝내다	9文・練
多い	많다	発音
大型スーパーマーケット	마트	10文・練
大きい	크다	8文・練
オーストラリア	호주	9文・練
お母さん、母	어머니	6文法
お金	돈	11文・練
起きる	일어나다	9会・練
億	억	発音
(他の物の上に) 置く	얹다	発音
置く	놓다, 두다	20会・練
送る	보내다	10文・練
(眠りなどから) 起こす	깨우다	12文・練
お言葉	말씀 (하)(말の敬語)	16文法
怒る (おこる)	【慣用表現】화가 나다	17会話
怒る、腹が立つ	화나다	15会話
おごる	쏘다	17会話
おじ	삼촌	16文法
おじいさん	할아버지	6文・練
教える	가르치다	15会・練
おじさん (血縁関係のない)	아저씨	発音
伯父さん (父の兄)	큰아버지	6文・練
叔父さん (父の弟)	작은아버지	6文・練
おじさん (母の兄や弟)	외삼촌	6文・練
お正月	설날	発音
押す	누르다	15文・練
恐らく、多分	아마	20文・練
お宅 (집の尊敬語)	댁	16文法
お誕生日	생신 (생일の敬語)	16文法
夫	남편	6文・練
お父さん、父	아버지	発音
弟	남동생	発音
男、男性	남자	発音
お年	연세 (나이の敬語)	16文法
おととい	그저께	19文法
踊る	추다	10文・練
同じ	같은	14会話
同じだ	같다	発音
お名前	성함 (이름の敬語)	16文法
鬼	도깨비	発音
斧	도끼	発音
おばあさん	할머니	6文・練
おばさん (父の姉や妹)	고모	6文・練
おばさん (母の姉や妹)	이모	6文・練
覚える	외우다	発音
おまえ、君	너	6文法
おまえが、君が	네가	6文法
おまえたち、君たち	너희	6文法
お目にかかる	뵙다 (만나다の敬語)	発音
重い	무겁다	9文・練
面白い	재미있다	9会・練
お休みになる	주무시다(자다の敬語)	16文法
おやつ	간식	8文・練
降りる	내리다	14文・練
お笑い芸人	개그맨	6文・練
終わり	끝	発音
終わる	끝나다	発音
終わる、終える	마치다	9文・練
音楽	음악	発音
音響	음향	発音

か

が	가	6文・練
が	이	6文・練
カード	카드	20文・練
カーネーション	카네이션	9文・練
ガールフレンド、彼女	여자친구	16会話
～回	번	発音
～階	층	発音
会館	회관	8会話
会議	회의	発音
外国	외국	10文・練
外国語	외국어	6会・練
外国人	외국인	9文・練
外国の人	외국사람	9文・練
会社	회사	9会・練
会社員	회사원	6文法
買い物、ショッピング	쇼핑（하）	6会・練
飼う	기르다	15文・練
買う	사다	発音
換える	바꾸다	12文・練
顔	얼굴	発音
画家	화가	19会・練
カカオ	카카오	発音
価格、価値	값	発音
鏡	거울	9文・練
（病気に、時間が）かかる	걸리다	8文・練
（お金が、努力が）かかる	들다	8会話
書く	쓰다	9会話
学生、生徒、児童	학생	発音
学生ホール	학생홀	13会話
カクテキ	깍두기	発音
確認	확인（하）	17文法
学年	학년	発音
学歴	학력	発音
～ヶ月	개월	19文法
かける	걸다	11文・練
カササギ	까치	発音
菓子	과자	発音
歌手	가수	6文・練
風邪	감기	発音
数える	세다	12文法
家族	가족	発音
肩	어깨	12文・練
方	분（사람の敬語）	16文法
課題	과제	15文・練
価値	가치	発音
月	월	発音
学校	학교	発音
格好いい	멋(이)있다	19会・練
合宿	합숙	13会・練
悲しい	슬프다	14文・練
カナダ	캐나다	9文・練
必ず、きっと	반드시	15会・練
必ず、きっと、ぜひ	꼭	10文・練
かなり、なかなか	꽤	11会・練
金持ち	부자	9文法
カバン	가방	10文・練
カフェ	카페	7文・練
壁	벽	19会・練
構わない、大丈夫だ	괜찮다	9会話
我慢する、耐える	참다	15文法
髪	머리	10文・練
紙	종이	発音
通う	다니다	10文・練
火曜日	화요일	16文法
～から	부터	8文・練
辛い	맵다	発音
カラオケボックス	노래방	8文・練
体	몸	発音
借りる	빌리다	12文・練
軽い	가볍다	17文・練
カルグクス(韓国式きし麺うどん)	칼국수	9文・練
カルビ	갈비	発音
カレンダー	달력	8会・練
川	강	発音
可愛い	귀엽다	18文・練
乾く、渇く	마르다	15文・練
考え、意図	생각（하）	発音
韓国	한국	発音
韓国語	한국어	9会・練
韓国人	한국인	発音
韓国の言葉	한국말	発音
韓国の人	한국사람	6文・練
看護師	간호사	6文・練
幹事	총무	15会・練
感謝	감사［하］	発音
鑑賞	감상（하）	6会・練
韓日	한일	発音
カンボジア	캄보디아	発音
木	나무	7文・練
黄色	노란색	7文・練
記憶	기억	19文・練
着替える	갈아입다	9会・練
聞く、効く	듣다	8文・練
気候	기후	発音
帰国	귀국（하）	19会・練
記者	기자	16文・練
汽車	기차	発音
北	북	7文・練
北、北方	북쪽	7文・練
汚い	더럽다	18会・練
キツネ	여우	発音
切符	표	20会・練
昨日	어제	13文・練
期末試験	기말고사	17文法
キムチ	김치	発音
キムチ鍋、キムチチゲ	김치찌개	9文・練
客室乗務員	객실승무원	6文・練
9	구	発音
休暇	휴가	17文法
急に	갑자기	20文・練
牛乳	우유	発音
キュウリ	오이	発音
今日	오늘	発音
協会	협회	発音
競技	경기	17文・練
教師	교사	6文・練
教室	교실	7文・練
教授、大学の先生	교수님	9会話
教習	교습	13会・練
兄弟	형제	発音
業務	업무	発音
協力	협력	発音
去年、昨年	작년	発音
嫌いだ	싫다	発音
嫌う、嫌がる	싫어하다	18文法

着る	입다	11 文・練
切る	자르다	17 会・練
きれいだ、清潔だ	깨끗하다	9 文・練
きれいだ、美しい	예쁘다	9 文・練
禁煙	금연 (하)	発音
銀行	은행	発音
近所	근처	17 会・練
緊張	긴장	20 文・練
キンパ (韓国式のり巻)	김밥	9 文・練
金曜日	금요일	8 会話
クァンジュ	광주 (光州、韓国の地名)	10 文・練
区域	구역	17 文・練
空気	공기	18 文・練
空港	공항	発音
空腹だ	배고프다	14 文・練
くぎ	못	発音
薬	약	9 文・練
口	입	発音
靴、履物全般	신발	発音
ぐっすり、ゆったり	푹	13 文・練
クッパ	국밥	発音
国	나라	6 文・練
首	목	19 文・練
くまなく	샅샅이	発音
くらい、程度	정도	12 文・練
クラシック	클래식	11 会・練
暮らす	살다	7 会・練
栗	밤	発音
クリーニング屋	세탁소	14 会・練
来る	오다	8 文・練
車	차	7 文・練
クレジットカード	신용카드	12 会・練
くれる	주다	12 会話
黒い	까맣다	19 文・練
軍人	군인	12 文・練
経済	경제	6 会・練
警察官	경찰관	6 文・練
警察署	경찰서	10 文・練
携帯電話	휴대폰	7 文・練
芸能人	연예인	6 文・練
ケーキ	케이크	発音
劇場	극장	10 文・練
化粧	화장 (하)	9 会・練
消す	끄다	14 文・練
削る	깎다	14 文・練
ケソン	개성 (開城、北朝鮮の地名)	10 文・練
結婚	결혼 (하)	発音
月曜日	월요일	8 会話
けど、けれど	지만	9 文・練
蹴る	차다	9 文・練
喧嘩する	싸우다	12 文・練
元気、無事	안녕 [하]	発音
元気に	안녕히	発音
研究室	연구실	15 会話
健康だ	건강 [하]	18 文・練
見物、観覧	구경 (하)	13 会・練
権利	권리	発音
～個	개	12 文法
5	오	発音
～後	후	17 会・練
子犬	강아지	7 文・練
恋人、彼女、彼氏	애인	8 文・練
公園	공원	8 会・練
合格	합격	発音
交換 (留) 学生	교환학생	6 会・練
高校生	고등학생	6 文・練
交差点、四つ角	사거리	17 会・練
～号線	호선	18 文・練
こうだ、このようだ	이렇다	19 文・練
紅茶	홍차	12 会・練
交通カード	교통카드	発音
高等学校	고등학교	12 文・練
候補	후보	発音
公務員	공무원	6 文・練
コート	코트	17 会・練
コーヒー	커피	9 文・練
コーラ	콜라	10 会・練
誤解	오해 (하)	17 会話
語学研修	어학연수	10 会・練
故郷	고향	6 文・練
国際文化	국제문화	6 会・練
国内	국내	発音
国立	국립	発音
ここ、ここに	여기	7 文・練
午後	오후	発音
九つ	아홉	発音
心	마음	11 文・練
腰	허리	12 文・練
午前	오전	9 会・練
コック	요리사	6 文・練
小包	소포	14 会・練
こと	것	18 文・練
こと	거 (것の縮約形)	7 会・練
今年	올해	発音
異なる	다르다	15 文・練
異なる～、別の～	다른	18 文法
言葉	말	発音
子供	아이	発音
子供	애 (아이の縮約形)	発音
子供	어린이	9 文・練
この	이	7 文・練
この子	얘 (이 아이の略)	発音
好む、好きだ	【動詞】좋아하다	9 文・練
ご飯	밥	発音
こぼす	쏟다	16 文・練
ごみ	쓰레기	発音
コメディー	코미디	11 会・練
ご両親	부모님	8 会・練
ゴルフ	골프	6 文・練
これ	이거 (이것の縮約形)	発音
これ	이것	7 文・練
今回	이번	15 文・練
コンサート	콘서트	20 文・練
こんにち	오늘날	発音
コンビニエンスストア	편의점	11 文・練
コンピューター	컴퓨터	9 会話

さ

サークル、部活動	동아리	8 会話
歳	살	発音
最近	요즘	11 文・練
最初に	먼저	14 会・練
在日コリアン	재일교포	6 文・練
財布	지갑	7 文・練
探す	찾다	8 文・練
先に	먼저	14 会・練

作品	작품	18 文・練
昨夜	어젯밤	19 文・練
桜	벚나무	発音
桜の花	벚꽃	10 文・練
酒	술	10 文・練
ささる	꽂히다	発音
差し上げる	드리다（주다の敬語）	19 会話
刺す	쏘다	17 会話
サッカー	축구	6 文・練
さっき	아까	15 会・練
雑穀	잡곡	19 文法
雑誌	잡지	発音
悟る、気づく	깨닫다	16 文・練
寒い	춥다	9 文・練
サムギョプサル (豚バラ肉)	삼겹살	9 文・練
サムゲタン（参鶏湯）	삼계탕	9 文・練
さらに	더	12 会・練
3	삼	発音
～さん	씨	6 会話
3 号線	삼호선	発音
4	사	発音
時	시	発音
ジーパン	청바지	11 文・練
塩辛い	짜다	発音
～しか（否定表現）	밖에	15 文・練
しかし	하지만	7 会話
時間	시간	発音
試験	시험（하）	8 会・練
仕事	일（하）	9 会・練
辞書	사전	14 文法
静か	조용［하］	9 文・練
下	밑	7 文・練
下	아래	7 文・練
従う	따르다	15 文・練
7	칠	発音
試着室	피팅룸	15 会・練
室内	실내	発音
質問	질문（하）	18 文法
失礼	실례［하］	17 会・練
自転車	자전거	8 会・練
自動車学校	운전학원	10 文・練
支払い	결제	12 会・練
しばらくの間	잠시	12 会・練
します	합니다	発音
閉める	닫다	14 文・練
ジャージャー麺（韓国式中華麺）	짜장면	9 文・練
社会	사회	発音
市役所	시청	10 文・練
謝罪	사과（하）	16 会話
写真	사진	発音
社長	사장님	16 文法
シャワー	샤워（하）	9 会・練
週	주	20 会・練
10	십	発音
11（固有語）	열하나	発音
11 の（固有語）	열한	発音
10 月	시월	11 会話
～週間	주일	発音
19、19 の（固有語）	열아홉	発音
15、15 の（固有語）	열다섯	発音
13（固有語）	열셋	発音
13 の（固有語）	열세	発音
住所	주소	14 文・練

渋滞する	막히다	19 会・練
柔道	유도	発音
17、17 の（固有語）	열일곱	発音
12（固有語）	열둘	発音
12 の（固有語）	열두	発音
18，18 の（固有語）	열여덟	発音
週末	주말	8 会・練
14（固有語）	열넷	発音
14 の（固有語）	열네	発音
16、16 の（固有語）	열여섯	発音
授業	수업	発音
塾、予備校、教習所	학원	発音
祝日	공휴일	18 会・練
宿題	숙제（하）	発音
宿泊	숙박（하）	発音
出勤	출근（하）	20 文・練
出発	출발（하）	17 会・練
首都	수도	18 文法
主婦	주부	10 文・練
趣味	취미	6 文・練
準備	준비（하）	8 会話
使用	사용（하）	20 文・練
賞	상	発音
小学生	초등학생	6 文・練
商学部	상학부	6 会・練
生じる	나다	14 文・練
上手だ	잘하다	15 文・練
上手に	잘	発音
称する	일컫다	16 文・練
小説	소설	11 会・練
将来	앞날	発音
ショートメール	문자	17 文法
ジョギング	조깅	6 文・練
職員	직원	13 文・練
職業	직업	6 文・練
食事	식사（하）	9 文・練
食堂	식당	発音
植物	식물	発音
食欲	입맛	発音
しょっちゅう、しばしば	자주	16 会・練
書店	서점	16 文・練
新羅	신라	発音
知らせる	알리다	18 文・練
知らない	모르다	14 会・練
尻	엉덩이	12 文・練
資料	자료	14 会・練
知る	알다	発音
白（色）	흰색	発音
白い	하얗다	19 文・練
神学部	신학부	6 会・練
シンガポール	싱가폴	9 文・練
新居、新築の家	새집	18 会・練
信じる	믿다	16 文法
新人	신인	発音
親切	친절［하］	18 文法
心配	걱정（하 / 되）	16 文法
新聞	신문	16 文・練
シンボル	심볼	18 文・練
心理	심리	発音
水泳	수영（하）	6 文・練
水曜日	수요일	8 会・練
吸う	피우다	17 文法
スーツ	정장	15 文・練

スーパーマーケット	슈퍼	18 会・練
スカート	치마	18 文・練
スキー	스키	6 文・練
スキー場	스키장	20 会話
すぐ	금방	20 会話
少ない	적다	11 文・練
すぐに	곧	発音
優れている、良い【形】	낫다	18 文・練
少し	좀（조금の略）	14 会話
過ごす	지내다	12 文・練
ずっと	쭉	17 会・練
素敵だ	멋（이）있다	19 会・練
すでに	벌써	17 文・練
スノーボード	스노보드	20 会話
スパイ	스파이	18 会話
スピード	속도	16 文・練
スプーン	숟가락	発音
すべて	모두	7 会・練
スポーツ	스포츠	6 文・練
ズボン	바지	発音
スマートフォン	스마트폰	19 文・練
すまない	미안하다	15 会・練
住む	살다	7 会・練
スリル	스릴	18 会話
（テニス）する	치다	10 会・練
する	하다	8 文・練
座る	앉다	発音
澄んでいる	맑다	18 文・練
スンドゥブ鍋	순두부찌개	9 文・練
背	키	9 文・練
せい（～の）	때문	14 会話
正門	정문	7 会・練
整理	정리（하）	14 会・練
セーター	스웨터	発音
咳	기침	15 文法
席	자리	17 会・練
積極的	적극적	19 会話
石けん	비누	9 文・練
背中	등	12 文・練
狭い	좁다	11 文・練
千	천	発音
専業主婦	전업주부	13 文法
先月	지난달	16 会・練
専攻	전공（하）	6 文・練
選手	선수	6 文・練
先週	지난주	19 文・練
先生	선생님	6 文法
洗濯	빨래（하）	15 文法
洗面	세수（하）	9 会・練
掃除	청소（하）	9 文・練
そうだ	그렇다	19 文法
そうだとも、もちろんだ	【感嘆詞】그럼	12 会話
そうです	그래요	12 会話
ソウル	서울	8 文・練
速達	속달	20 会・練
そこ、そこに	거기	15 会・練
そして	그리고	13 会・練
そそられる	【自動詞】당기다	12 会話
育てる	기르다	15 文・練
卒業	졸업（하）	9 文・練
率直に	솔직히	16 会話
外	밖	発音
その	그	7 文・練
そのまま、ただ	그냥	15 会・練
そのように	그렇게	17 会・練
ソファー	소파	15 文法
ソフトドリンク	음료수	発音
空	하늘	18 文法
それ	그거（그것の略）	13 文・練
それ	그것	7 文・練
それで	그래서	13 会・練
それなら	그럼	12 会話

た

～だ、である【指定詞】	이다	6 会話
ターミナル	터미널	10 文・練
タイ	태국	9 文・練
体育館	체육관	8 文法
大学	대학교	6 会・練
大学生	대학생	6 文・練
大韓民国（韓国）	대한민국	9 文・練
体験	체험（하）	13 会・練
大使館	대사관	10 文・練
台所	부엌	発音
タイトル	제목	19 文・練
ダイビング	다이빙	19 会・練
大変だ	힘들다	11 会・練
たい焼き	붕어빵	9 文・練
対話	대화	発音
台湾	대만	9 文・練
高い	높다	18 文法
（値段が）高い	비싸다	14 文・練
（背が）高い	크다	8 文・練
だから	그러니까	15 会話
（ご飯を）炊く	짓다	20 文・練
たくさん、多く	많이	発音
タクシー	택시	発音
～だけ	～만	13 文・練
出す	내다	9 会話
助け	도움	10 文・練
助ける、手伝う	돕다	18 文法
尋ねる	묻다	15 会・練
タダ、無料	공짜	8 会話
～達、たち	～들	7 文・練
立つ	서다	8 文・練
建物	건물	7 文・練
立てる	세우다	14 文・練
建てる	세우다	14 文・練
建てる	짓다	20 文・練
楽しい	즐겁다	18 会・練
タバコ	담배	発音
食べ物	음식	10 会話
食べる	먹다	9 文・練
魂	넋	発音
ため（～の）	때문	14 会話
だめだ	안되다	17 文法
誰	누구	発音
誰が	누가	10 会・練
誰も	아무도	20 文・練
タレント	탤런트（主にテレビドラマに出る俳優）	12 文・練
単語	단어	発音
男子学生	남학생	発音
誕生日	생일	発音
ダンス、踊り	춤	10 文・練
団体	단체	18 文・練

血	피	発音
小さい	작다	発音
知恵	지혜	発音
チェジュド	제주도(済州島、韓国の地名)	10 文・練
近い	가깝다	18 文・練
違う	아니다	11 会話
近く	근처	17 会・練
近づく、迫る	다가오다	19 会・練
地下鉄	지하철	9 会・練
地球	지구	発音
チキン	치킨	9 文・練
チキンの甘辛煮	닭강정	9 文・練
チケット	티켓	8 会話
遅刻	지각（하）	14 文法
地図	지도	10 文・練
チヂミ	부침개	12 会話
地方	지방	16 会・練
チマチョゴリ(韓服、韓国の伝統衣装)	치마저고리（한복）	13 文・練
チャプチェ	잡채	9 文・練
茶碗	밥그릇	20 文・練
～中	중	16 文法
注意	주의［하］	20 文・練
中学生	중학생	6 文・練
中国	중국	発音
駐車場	주차장	7 文・練
昼食	점심	9 会・練
注文	주문（하）	12 会・練
チュソク	추석(秋夕、韓国のお盆)	13 会・練
長兄	맏형	発音
朝食	아침	8 文・練
朝鮮民主主義人民共和国	조선민주주의인민공화국	10 文・練
蝶々	나비	発音
直接	직접	19 文・練
直行	직행	発音
ちょっと	좀（조금の略）	14 会話
ちょっと、少し	조금	10 文・練
チョンノ	종로(鐘路、ソウルの地名)	発音
治療	치료	9 文・練
使う	쓰다	14 文・練
疲れている	피곤하다	17 文・練
月	달	発音
次、次の	다음	10 会・練
机	책상	7 文・練
作る	만들다	8 文・練
漬ける	담그다	9 文・練
（名前）付ける	짓다	20 文・練
(明かりや電気製品などを)つける	켜다	12 文法
妻	아내	6 文・練
詰まる	막히다	19 会・練
摘む	따다	発音
冷たい	차다	発音
梅雨	장마	19 文・練
辛い	힘들다	19 文・練
釣り	낚시	6 文・練
釣銭	거스름돈	20 文法
手	손	発音
～で（人の人数）	【助詞】서	13 会話
（手段、材料）で	～로	9 文・練
（場所）で	～에서	8 会話
（手段、材料）で	～으로	9 文・練
庭園、庭	정원	18 文法
提出	제출（하）	9 会話
提出日	제출일	9 会話

定食（白ご飯が中心となる）	백반	9 文・練
停留場	정류장	発音
手紙	편지	10 文・練
適当、ちょうど良い	적당［하］	18 会・練
できない	못하다	発音
できる	되다	10 文・練
できる、生じる	생기다	20 文・練
テグ	대구(大邱、韓国の地名)	10 文・練
出口	출구	7 文・練
デザイナー	디자이너	6 会・練
テジョン	대전(大田、韓国の地名)	10 文・練
～です	입니다	発音
哲学	철학	発音
出て行く、出る	나가다	9 文・練
出てくる	나오다	13 文・練
テニス	테니스	発音
では	그럼	12 会話
デパート、百貨店	백화점	8 会・練
～ではなくて	말고	15 会・練
出る	나다	14 文・練
テレビ	텔레비전	9 会・練
テレビ	티비（TV）	9 文・練
天気、天候	날씨	17 会・練
展示会	전시회	8 会話
天ぷら	튀김	9 文・練
電話	전화（하）	11 文・練
電話番号	전화번호	17 文・練
～と	～과	10 会話
～と	～와	8 会話
～と	～하고	7 会・練
ドア、門	문	17 文法
～と言う	라고 하다	13 会話
ドイツ	독일	発音
トイレ	화장실	発音
とうがらし	고추	発音
どうだ	어떻다	9 会・練
到着	도착（하 / 되）	20 文・練
どうですか	어때요	発音
十	열	発音
遠い	멀다	14 文・練
時	때	20 文法
とき、こと（経験したことに対する）	적	19 会・練
読書	독서	6 文・練
独特だ、ユニークだ	독특하다	19 文・練
時計	시계	発音
どこ（否定）	아무 데	12 文・練
どこ、どこに	어디	発音
所	곳	18 文法
ところで	그런데	11 会話
登山	등산	6 文・練
年下の兄弟（弟、妹）	동생	6 文・練
図書館	도서관	7 文・練
突然	갑자기	20 文・練
トッポッキ	떡볶이	9 文・練
とても、あまりにも	너무	16 文法
とても、非常に	아주	発音
隣の部屋	옆방	発音
どの	어느	6 会・練
どのように、どうやって	어떻게	9 会・練
トマト	토마토	発音
止まる	서다	8 文・練
（車を）止める	세우다	14 文・練
友達	친구	発音

土曜日	토요일	11会・練
ドライブ	드라이브	6文・練
ドラマ	드라마	11文・練
鶏	닭	発音
取り分	몫	発音
採る	따다	発音
撮る	찍다	8文・練
どれぐらい、どんなに	얼마나	発音
ドレス	드레스	11会・練
泥棒	도둑	発音
どんぐり	도토리	発音
どんな	어떤	11会・練

な

（～では）ない【指定詞】	아니다	6会話
ない【動詞】	않다	発音
ない	없다	7文・練
内容	내용	19文・練
治る	낫다	20文法
仲	사이	13文・練
中	안, 속	7文・練
長い	길다	11会話
長く	오래	15会話
長さ	길이	18文法
仲直り	화해（하）	16会話
なかなか～（否定表現）	좀처럼	16会・練
流れる	흐르다	15文・練
泣く	울다	13文・練
なぜ	왜	発音
夏	여름	発音
七つ、七つの	일곱	発音
何	무엇	7文・練
何	뭐（무엇の略）	発音
鍋料理	찌개	発音
名前	이름	6文・練
生ビール	생맥주	12会話
なめる	핥다	発音
悩み	고민	16会話
習う	배우다	10文・練
なる	되다	10文・練
何日	며칠	発音
何の	무슨	7文・練
～に	～께（尊敬の助詞）	19会話
（移動の目的を表す）～に	～러	17会話
～に	～에	7文・練
（人）～に	～에게	9会話
2	이	発音
（人、動物）～に	～한테	13会・練
似合う	어울리다	12文・練
肉	고기	発音
西	서	7文・練
西側	서쪽	7文・練
西方面	서녘	発音
二十（固有語数詞）	스물	発音
二十の	스무	発音
偽物	가짜	発音
日	일	発音
日曜日	일요일	14文法
日本	일본	発音
日本語	일본어	13会・練
日本の言葉	일본말	13会・練
日本の人	일본사람	6文・練
荷物	짐	15文・練
入院	입원（하）	発音
入学	입학（하）	発音
入試	입시	発音
ニュース	뉴스	16文・練
庭	마당	16文・練
～人形	～인형	18文・練
人前	인분	発音
脱ぐ	벗다	11文・練
塗る	바르다	15文・練
ねぎ	파	発音
値切る	깎다	14文・練
猫	고양이	7会話
熱	열	16会・練
熱心に	열심히	発音
ネットカフェ	PC방	10文・練
寝坊	늦잠	14文法
寝る、眠る	자다	発音
寝る（자다の敬語）	주무시다	16文法
～年	～년	発音
年齢	나이	16文法
～の	～의	8会・練
ノート	노트	7文・練
載せる	싣다	16文・練
載せる	얹다	発音
喉	목	19文・練
登る	오르다	15文・練
飲み会（親睦を深めるための）	단합대회	12会話
飲み屋、居酒屋	술집	12会話
飲む	마시다	9文・練
乗り換える	갈아타다	18文法
乗る	타다	発音

は

～は	～는	6文・練
～は	～은	6文・練
葉	잎	発音
歯	이	発音
パーティー	파티	発音
はい	네	7会話
はい	예	発音
～杯	～잔	発音
配達	배달（하）	18会・練
入っていく	들어가다	11文・練
俳優	배우	12文・練
博士	박사	発音
～ばかり	～만	13文・練
～泊	박	13会・練
履く	신다	11文・練
白菜	배추	9文・練
博物館	박물관	10文・練
端	끝	発音
箸	젓가락	発音
始まる	시작되다	12文・練
初めて	처음	発音
始める	시작하다	13文・練
パジョン（ねぎのチヂミ）	파전	9文・練
走る	달리다	10文・練
走る、はねる	뛰다	16文・練
バス	버스	9会・練
バスケットボール（籠球）	농구	6文・練
バスターミナル	버스터미널	8文・練
バス停	버스정류장	16会・練
肌	피부	18文・練

畑	밭	発音
肌寒い	쌀쌀하다	10会・練
8	팔	発音
発音	발음	発音
発表	발표（하）	10会・練
パッピンス（カキ氷）	팥빙수	発音
鼻	코	発音
花	꽃	18文法
話	이야기（하/되）	10会話
話す	말하다	発音
花束	꽃다발	発音
鼻水	콧물	発音
ハノク（韓国の伝統家屋）	한옥（韓屋）	19会・練
パパ、お父さん	아빠	発音
ハフェタルチュム（安東の仮面踊り）	하회탈춤	19会・練
速い	빠르다	10文・練
はやく、急いで	빨리	10文・練
腹	배	18会話
春	봄	発音
貼る	붙이다	発音
はるかに	훨씬	18文・練
バレーボール（排球）	배구	6文・練
晴れる	맑다	18文・練
半	반	発音
～番	번	発音
パン	빵	10会・練
ハングル	한글	18会・練
番号	번호	発音
ハンバンド	한반도(韓半島、朝鮮半島)	10文・練
ハンボク（韓国の伝統衣装）	한복（韓服）	13文・練
日	날	8会・練
ピアノ	피아노	発音
ビール	맥주	9文・練
被害	피해	20文・練
東	동	7文・練
東、東方	동쪽	7文・練
魅かれる	【自動詞】당기다	12会話
匹、頭、羽	마리	発音
引き続き	계속	18文法
引き戸	미닫이	発音
引く	【他動詞】당기다	12会話
（背が）低い	작다	発音
秘訣	비결	18文法
飛行機	비행기	20文・練
ヒザ	무릎	12文・練
日差し	햇볕	発音
美術館	미술관	10文・練
秘書	비서	12文・練
左、左側	왼쪽	7文・練
ぴたりと	딱	15会・練
引っ越し、移転	이사（하）	18会・練
必要	필요［하］	17文・練
ひと	사람	発音
一筋	외곬	発音
一つ	하나	発音
一つの	한	発音
一人	혼자	8会・練
日の出	해돋이	発音
ビビンバ	비빔밥	9文・練
秘密	비밀	7文・練
百	백	発音
病院	병원	10文・練
ピョンヤン	평양(平壌、北朝鮮の地名)	10文・練
昼	낮	発音
昼寝	낮잠	発音
広い	넓다	11文・練
広げる	넓히다	発音
頻繁に	잘	発音
フィリピン	필리핀	9文・練
夫婦	부부	発音
増える	늘다	19会話
拭く	닦다	発音
福	복	発音
服	옷	7文・練
複雑だ	복잡하다	発音
復習	복습（하）	19会・練
腹痛、食あたり	배탈	14文・練
プサン	부산（釜山、韓国の地名）	8文・練
舞台	무대	17会・練
二つ	둘	発音
二つの	두	発音
二人	둘이	13会・練
二人で	둘이서	13会話
普段、普通	평소	16会・練
普通	보통	11会・練
ぶつかる	부딪히다	発音
ブドウ	포도	発音
不動産屋	부동산중개소	17会・練
太る	살찌다	18文・練
不便だ	불편하다	14文・練
冬	겨울	発音
フライドチキン	프라이드치킨	9文・練
フライドチキン（치킨）とビール（맥주）	치맥	12会話
フランス	프랑스	6会・練
プリンター	프린터	15会・練
（雨が）降る	내리다	14文・練
（雨が）降る	오다	8文・練
プルコギ、焼肉	불고기	9文・練
プレゼント、お土産	선물（하다）	8文・練
触れる	만지다	15文法
プロゲーマー	프로게이머	6文・練
風呂に入る	목욕하다	9会・練
分	분	発音
雰囲気	분위기	19文・練
文化	문화	13会・練
文学	문학	発音
ヘアバンド、カチューシャ	머리띠	発音
平日	평일	11文・練
平和	평화	発音
部屋	방	発音
返却、返納	반납（하）	15文・練
勉強	공부（하）	発音
弁護士	변호사	6文・練
返事、返信	답장	15文・練
弁当	도시락	12文・練
便利	편리［하］	発音
法	법	6会・練
～方、～側、～方面	쪽	7文・練
法学	법학	6文・練
包装	포장	12会・練
放送局	방송국	10文・練
法律	법률	発音
ボーイフレンド、彼氏	남자친구	10会話
ボーリング	볼링	6文・練
ボールペン	볼펜	9会話

朴（名字、姓）	박	発音
ポッサム（包んで食べる料理）	보쌈	9 文・練
星	별	発音
ボタン	버튼	15 会・練
ホットク	호떡	9 文・練
ポップコーン	팝콘	18 会話
ホテル	호텔	10 文・練
ほとんど	거의	11 文・練
ほとんど	다	16 文・練
骨	뼈	発音
本	책	発音
～本（瓶）	병	発音
香港	홍콩	9 文・練
本当、本当に	정말	13 会話

ま

毎日	매일	9 会・練
前	앞	7 文・練
前	전	9 文・練
前もって	미리	18 文・練
幕	막	発音
孫	손자	6 文・練
孫娘	손녀	6 文・練
マスク	마스크	19 文・練
混ぜる、かき回す	젓다	20 文法
また	또	発音
まだ	아직	13 会・練
街、通り	거리	18 文・練
待つ	기다리다	9 文・練
真っ直ぐ	곧장, 바로	16 会・練
まっすぐに	곧이	発音
まったく同じだ	똑같다	18 文法
～まで	～까지	発音
窓	창문	15 文法
学ぶ	배우다	10 文・練
ママ、お母さん	엄마	6 文・練
守る	지키다	15 文法
マレーシア	말레이시아	9 文・練
万	만	発音
漫画	만화	18 文・練
満腹だ	부르다	8 文・練
見える	보이다	12 文・練
見せる	보이다	12 文・練
磨く	닦다	発音
右、右側	오른쪽	7 文・練
短い	짧다	発音
水	물	発音
店	가게	発音
みそ鍋、みそチゲ	된장찌개	9 文・練
道	길	8 文・練
三つ	셋	発音
三つの	세	発音
南	남, 남쪽	7 文・練
未満	미만	14 文・練
耳	귀	12 文・練
ミョンドン	명동（明洞、ソウルの地名）	17 文・練
見る	보다	発音
迎え、出迎え	마중（하）	18 文・練
昔	옛날	発音
報い	앎	発音
向こう側、向かい側	건너편	17 会・練
難しい	어렵다	9 会・練
息子	아들	6 文・練
娘	딸	6 文・練
六つ	여섯	発音
胸	가슴	12 文・練
無理	무리［하］	16 会・練
無料	무료	14 文・練
目	눈	12 文・練
～目	째	16 会・練
～名	명	発音
姪	조카	6 文・練
メール	메일	15 文・練
眼鏡	안경	7 文・練
メキシコ	멕시코	9 文・練
召し上がる	드시다（먹다、마시다の敬語）	16 文法
召し上がる	잡수시다（먹다、마시다の敬語）	16 文法
免許（証）	면허（증）	14 文・練
面倒だ	귀찮다	17 会・練
～も	～도	8 会話
申し訳ない	죄송하다	15 会・練
木曜日	목요일	8 文・法
もし、もしかして	혹시	10 会話
文字	문자	17 文法
もしもし	여보세요	発音
持ち上げる	들다	12 会・練
持つ	가지다	15 文・練
持っていく	가져가다	17 文・練
持ってくる	가져오다	17 文・練
もっと	더	12 会・練
最も、一番	제일	14 会・練
もの	거	7 会・練
もの	것	18 文・練
物	물건	18 文法
模様	무늬	発音
もらう	받다	発音
問題	문제	18 文・練

や

野外	야외	発音
野球	야구	6 文・練
薬剤師	약사	6 文・練
約束	약속	発音
役割	역할	発音
易しい、容易だ、簡単だ	쉽다	9 文・練
（値段が）安い	싸다	発音
休み（学校の長期）	방학	8 会・練
休む	쉬다	9 文・練
薬局	약국	発音
八つ	여덟	発音
やはり	역시	13 会話
山	산	発音
やれやれ	【感嘆詞】어휴	11 会話
ヤンニョム（合わせ調味料）、ソース	양념	12 会話
ヤンニョム（甘辛たれ）チキン	양념치킨	9 文・練
友愛	우애	発音
優雅	우아［하］	発音
夕方	저녁	8 文・練
夕食	저녁	8 文・練
ユーチューバー	유튜버	6 文・練
郵便局	우체국	7 文・練
有名だ	유명［하］	19 会・練

雪	눈	18 文・練
柚子茶	유자차	発音
ゆでる	삶다	発音
許し	용서（하）	17 会話
ユンノリ（韓国版すごろく）	윷놀이	発音
良い	【形】좋다	発音
用事	볼일	15 会・練
幼児	유아	発音
用心	조심〔하〕	17 文法
曜日	요일	13 会・練
洋服ダンス	옷장	発音
横	옆	発音
四日	나흘	17 会・練
四つ	넷	発音
四つの	네	発音
予定	예정	20 文・練
呼ぶ	부르다	8 文・練
詠む	읊다	発音
読む	읽다	発音
余裕	여유	発音
～より	～보다	18 文・練
夜	밤	発音

ら

来週	다음주	17 会・練
楽だ	편하다	18 文・練
ラグビー	럭비	6 文・練
ラジオ	라디오	8 文・練
理由	이유	発音
留学生	유학생	発音
量	양	11 文・練
寮、寄宿舎	기숙사	7 会・練
両替所	환전소	10 文・練
料金	요금	12 文・練
料理	요리（하）	6 文・練
旅客ターミナル	여객 터미널	10 文・練
旅行	여행（하）	6 文・練
礼儀	예의	発音
冷凍	냉동	発音
冷麺	냉면	9 文・練
レポート	리포트	9 会話
恋愛	연애（하）	発音
連休	연휴	13 会・練
練習	연습（하）	10 文・練
連絡	연락（하）	発音
6	육	発音
6月	유월	8 会話
ロシア	러시아	9 文・練

わ

ワールドカップ	월드컵	発音
ワイシャツ	와이셔츠	発音
若い	젊다	発音
和解	화해（하）	16 会話
わかめスープ	미역국	11 会・練
若者	젊은이	発音
別れる	헤어지다	14 会・練
沸く	끓다	発音
私（わたくし）	저	6 文・練
私（わたくし）が	제가	6 文法
私（わたくし）ども	저희	6 文・練
私（わたくし）の	제	6 会話
私（わたし）、僕	나	6 文法
私（わたし）が、僕が	내가	6 文法
私（わたし）の、僕の	내	7 会話
私（わたし）は、僕は	난	20 会話
渡る	건너다	12 文・練
罠	덫	発音
藁	짚	発音
笑う	웃다	13 文・練
我々	우리	6 文法
～を	～를	8 文・練
～を	～을	9 会・練

アルファベット

A	에이	発音
E メール	이메일	14 文法
KTX	KTX（韓国の高速鉄道）	10 文・練

これで OK! 韓国語 初級

検印
省略

© 2021 年 1 月 30 日　　初版発行

著者　金銀英 / 金英姫 / 崔秀蓮 / 尹芝恵

発行者　原　雅久
発行所　株式会社　朝日出版社
101-0065　東京都千代田区西神田 3-3-5
電話　03-3239-0271/72
振替口座　00140-2-46008
http://www.asahipress.com/
組版 / (株) 剛一　印刷 / 図書印刷

乱丁、落丁本はお取り替えいたします。
ISBN978-4-255-55678-9 C1087